MALTE VON TIESENHAUSEN

AD HOC VISUALISIEREN

DENKEN SICHTBAR MACHEN

BusinessVillage

Malte von Tiesenhausen
Ad hoc visualisieren
Denken sichtbar machen
2. Auflage 2016
© BusinessVillage GmbH, Göttingen

Bestellnummern
ISBN 978-3-86980-298-5 (Druckausgabe)
ISBN 978-3-86980-299-2 (E-Book)

Direktbezug www.BusinessVillage.de/bl/930

Bezugs- und Verlagsanschrift
BusinessVillage GmbH
Reinhäuser Landstraße 22
37083 Göttingen
Telefon: +49 (0)5 51 20 99-100   Fax: +49 (0)5 51 20 99-105
E-Mail: info@businessvillage.de   Web: www.businessvillage.de

Text, Illustrationen und Gestaltung
Malte von Tiesenhausen

Layout und Satz
Sabine Kempke

Autorenfoto
Andrea Ruester, www.andrearuester.de

Druck und Bindung
Westermann Druck Zwickau GmbH

Copyrightvermerk
Das Werk einschließlich aller seiner Teile ist urheberrechtlich geschützt. Jede Verwertung außerhalb der engen Grenzen des Urheberrechtsgesetzes ist ohne Zustimmung des Verlages unzulässig und strafbar. Das gilt insbesondere für Vervielfältigung, Übersetzung, Mikroverfilmung und die Einspeicherung und Verarbeitung in elektronischen Systemen. Alle in diesem Buch enthaltenen Angaben, Ergebnisse usw. wurden von dem Autor nach bestem Wissen erstellt. Sie erfolgen ohne jegliche Verpflichtung oder Garantie des Verlages. Er übernimmt deshalb keinerlei Verantwortung und Haftung für etwa vorhandene Unrichtigkeiten.
Die Wiedergabe von Gebrauchsnamen, Handelsnamen, Warenbezeichnungen usw. in diesem Werk berechtigt auch ohne besondere Kennzeichnung nicht zu der Annahme, dass solche Namen im Sinne der Warenzeichen- und Markenschutz-Gesetzgebung als frei zu betrachten wären und daher von jedermann benutzt werden dürfen.

»Wer noch staunen kann, wird auf Schritt und Tritt belohnt!«

Oskar Kokoschka

EINLEITUNG

KAPITEL 1

Worum es in diesem Buch geht

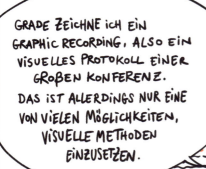

Diese Aussage höre ich häufig.

Sehr häufig sogar. Wer mit visuellen Methoden in Berührung kommt, ist üblicherweise fasziniert, erkennt den Wert dieser Art der Kommunikation und würde sie gern selbst nutzen.

Aber das auf sich selbst bezogene Vorurteil »Ich kann nicht zeichnen« bremst die Begeisterung der Interessierten immer wieder aus. Dabei sehe ich häufig bei denjenigen, die sich am vehementesten als Nichtzeichner bezeichnen, das größte Potenzial und die stärkste Begeisterung aufblitzen.

Aber auch unter Kollegen, die bereits mit visuellen Methoden arbeiten, ist das Bedürfnis, die eigenen Zeichenfähigkeiten zu verbessern ein immer wieder geäußerter Wunsch.

In Wahrheit ist das Verwenden von Bildern ein relativ niederschwelliger Akt – denn eines gilt es bei visuellem Arbeiten gleich zu Beginn klarzustellen: **Es geht nicht ums Bild!**

Ob eine Zeichnung besonders schön ist oder nicht, ist erst einmal nebensächlich. Das Bild ist nicht das Endprodukt, sondern ein mehr oder weniger wichtiger Teilschritt innerhalb eines Prozesses. Worauf es ankommt, ist die Wirkung, die der Vorgang des Visualisierens hat. Und diese ist enorm! Visuelle Methoden helfen dabei ...

INFORMATIONEN AUFZUNEHMEN

SACHVERHALTE ZU ERKLÄREN

IDEEN ZU STRUKTURIEREN

GEMEINSAM NEUES ZU ENTWICKELN

Und das ist erst der Anfang! Bisher haben wir erst an der Oberfläche der Möglichkeiten gekratzt, die sich durch visuelles Kommunizieren auftun.

DIESES FELD IST DABEI ZU EXPLODIEREN!

← DAVID SIBBET
VISUELLER PIONIER, GRÜNDER VON THE GROVE

Aber wieso funktionieren Bilder überhaupt?

UM DIESE FRAGE ZU BEANTWORTEN, WERFEN WIR ZUNÄCHST EINMAL EINEN KLEINEN BLICK IN UNSER GEHIRN!

URGH.

Dir ist sicher bereits bekannt, dass wir zwei voneinander getrennte Hirnhälften oder Hemisphären besitzen, die unterschiedliche Funktionen abdecken.

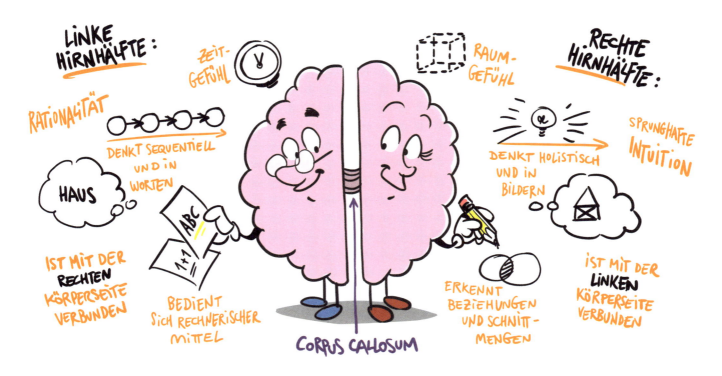

Die beiden Hälften sind allerdings nicht völlig getrennt, sondern über das Corpus Callosum miteinander verbunden und stehen somit im Austausch. Und das ist auch extrem wichtig!

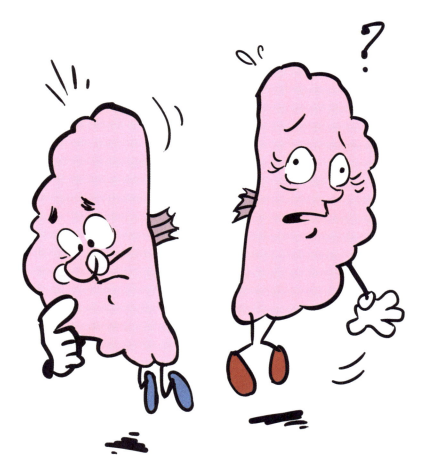

Was wäre, wenn die beiden Hirnhälften getrennt voneinander agieren müssten und keinen Zugang zu den Fähigkeiten der anderen Seite hätten? Wir wären eines großen Teils unseres Potenzials beraubt!

Die linke Seite hätte keine Möglichkeit anders zu denken als linear. Sie würde in ihren Lösungsansätzen stets kleinteilig-detailliert bleiben, keinen Blick für die Zusammenhänge besitzen und wenig Motivation zu Innovationen haben.

Die rechte Hemisphäre würde große Probleme haben, ihre Erfahrungen in einer allgemein verständlichen Form auszudrücken und zu definieren.

Sie wäre weniger lösungsorientiert und könnte schwer auf beispielsweise rechnerische Fertigkeiten zurückgreifen. Ein komplexes Computerprogramm schreiben oder die Statik einer Brückenkonstruktion berechnen? Vergiss es!

Ganz so dramatisch sieht die Situation glücklicherweise selten aus.

Dennoch tendieren viele Menschen eher zu der einen oder der anderen Seite.

Die Entwicklungstheoretikerin Dr. Linda Kreger Silverman definiert im Wesentlichen zwei Lerntypen:

Dabei stellte sie in Untersuchungen mit Tausenden Probanden fest, dass etwa 25 Prozent eindeutig akustisch-sequentiell arbeiten und 12 Prozent eher dieser Art des Lernens zugeneigt sind. 63 Prozent erleben dagegen eindeutig visuell-räumlich oder tendieren wenigstens dazu. Noch immer findet ein Großteil von Wissensvermittlung und nötigem Austausch auf eine Art und Weise statt, die die Bedürfnisse von nahezu 65 Prozent der Adressaten nicht berücksichtigt!

Jeder dieser beiden Pole hat seine Vorteile und seine Berechtigung. In unserer komplexer werdenden Zeit brauchen wir aber in zunehmendem Maße beides, und die Schnittmenge können wir verstärken und kultivieren. Erlauben und unterstützen wir also Räume, Techniken und Möglichkeiten, die die Fähigkeiten dieser Wahrnehmungstypen zusammenbringen!

Brandy Agerbeck, die seit 1996 als Graphic Facilitator arbeitet, nennt diese Schnittstellen LibLabs – ein Kunstwort aus Library und Laboratory.

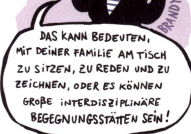

17

Ich gebe es zu: So simpel wie ich es auf den letzten Seiten dargestellt habe, funktioniert unser Hirn selbstverständlich nicht. Die Lokalisationstheorien, die einzelne Fertigkeiten einer Hemisphäre zuordnen, gelten inzwischen als überholt.

Sprache links und Emotionen rechts? Die Wirklichkeit ist leider etwas komplexer.

Ein aktuell stark gefördertes Feld ist die Erforschung der Funktionalität des Konnektoms, also der Gesamtheit der Nervenverbindungen in unserem Körper. Die Neurowissenschaften haben erst damit begonnen, unser Hirn und seine Funktionsweise zu enträtseln, und wir können uns noch auf viele richtungsändernde Erkenntnisse gefasst machen. Ich bin schon gespannt, liebe Forscher!

Dennoch habe ich das bekannte Hirnmodell mit den zwei Hemisphären gewählt – und zwar ganz bewusst! Dies ist kein Buch über Hirnfunktionen, es soll über das Nutzen von Wahrnehmungszuständen zum Visualisieren und Zusammenarbeiten anregen. Hirnregionen sind mir für die Vermittlung meiner Themen egal – es geht mir um das Beschreiben von Zuständen!

Und dazu eignet sich das Zwei-Hirne-Modell ausgezeichnet.

Außerdem illustriert das Zwei-Hirne-Modell anschaulich die Art und Weise, wie wir unbewusst die auf uns einströmenden Informationen und Eindrücke aufnehmen: Wir filtern, vereinfachen und verkürzen massiv! Die Motivationstrainerin Vera F. Birkenbihl benutzte zur Verdeutlichung dieser Aktivität unseres Hirns folgendes Bild: Stell dir einen großen Mann vor, der im tiefen Wasser steht, so dass nur noch die Nasenspitze herausschaut (und ich meine einen EXTREM großen Mann). Das was herausschaut, ist das, was all unsere Sinne bewusst wahrnehmen. Unter Wasser sind all jene Informationen, die wir ohne es zu merken herausfiltern, die also UNBEWUSST wahrgenommen werden. Was glaubst du, wie groß das Verhältnis dieser beiden Teile ist? Wenn der bewusste Teil 15 Millimeter groß ist ... entspricht der unbewusste Teil einer Länge von unglaublichen 11 KILOMETERN!

EIN WEITERES MODELL: WENN DIE UNBEWUSST AUFGENOMMENEN EINDRÜCKE EINER LANDKARTE VON FRANKREICH ENTSPRECHEN, SO SIND DIE BEWUSST WAHRGENOMMENEN INFORMATIONEN SO GROSS WIE DER i-PUNKT EINES KLEINEN ORTES!

Es ist gut, dass unser Hirn diese Filterfunktion vornimmt, denn sonst würden wir von den auf uns einstürzenden Eindrücken erschlagen werden. Die Tierwissenschaftlerin und Autismus-Expertin Temple Grandin, die selbst mit dieser Wahrnehmungsstörung lebt, beschreibt den Unterschied so:

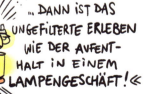

»WENN FÜR MENSCHEN MIT GEWÖHNLICHER WAHRNEHMUNG EIN EINDRUCK WIRKT WIE EINE EINZELNE LICHTQUELLE ... DANN IST DAS UNGEFILTERTE ERLEBEN WIE DER AUFENTHALT IN EINEM LAMPENGESCHÄFT!«

Wir können aber auch bereits Bekanntes neu verbinden. Wenn wir dies tun, sprechen wir von Kreativität. Um das zu verdeutlichen, möchte ich eine kleine Geschichte erzählen.

Du siehst, wie wertvoll es ist, Informationen neu zu verknüpfen.

Und genau dabei helfen Zeichnungen und Visualisierungen!

Nun, jeder hat es einmal getan. Erinnere dich daran, mit welcher Begeisterung du als Kind gezeichnet hast!

Abgesehen von der Freude, die es macht, aus der Spitze des Stiftes einen Strich entstehen zu sehen, der durch mich selbst gesteuert wird, treten Kinder über Zeichnungen mit ihrer Umwelt in Kontakt.

Die große, unbekannte, überwältigende Welt wird in einzelnen Teilen erfasst und in eine Symbolebene übersetzt. Dieser Kreis da bin ich!

Diese sich zusehends differenzierenden Symbole werden miteinander in Beziehung gesetzt.

Die Welt bekommt eine Ordnung und ich bin Teil von ihr!

Dies ist eine wahre Meisterleistung der zusammenarbeitenden Hemisphären. Denn hier werden über Formen und Farben äußere Objekte und Gefühle miteinander verbunden, das Ganze wird in ein Symbolsystem übertragen und mit Worten assoziiert.

Diesen Schatz an visuellen Symbolen halten wir noch heute. Deshalb können wir einfache visuelle Nachrichten lesen, und deshalb ist der Schritt, visuelle Methoden zu nutzen, gar nicht so groß!

Eine gute Frage. Die meisten Kinder kommen in einem Alter zwischen neun und vierzehn Jahren in eine Phase, in der sie sich nicht mehr mit symbolischem Zeichnen zufriedengeben. Ihre Sicht auf die Objekte ist immer differenzierter geworden. Ein Tisch ist für sie nicht mehr nur eine Platte mit Beinen, sie erkennen die Einzigartigkeit seiner Holzmaserung. Sie wollen darstellen, was sie sehen.

Hier steht ihnen aber die linke Hirnhälfte im Weg, die sie mit den gelernten Symbolen versorgt, den Vereinfachungen der Objekte.

Um realistisch zu zeichnen, braucht es aber ein genaues Hinschauen jenseits von Begriffen. Wir müssen der rechten Hirnhälfte die Führung überlassen. Die erfolgreiche Zeichenlehrerin Betty Edwards nennt diesen Zustand: »in den R-Modus gehen«.

Der R-Modus muss aber kultiviert und auch mit entsprechenden Zeichentechniken kombiniert werden. Und solche glücklichen Umstände begegnen den meisten Kindern und Jugendlichen in diesem kritischen Alter selten. Für manche ist das Abzeichnen von Comics eine Möglichkeit, ihre Ansprüche recht schnell mit Erfolgserlebnissen zu befeuern. Das war bei mir selbst der Fall.

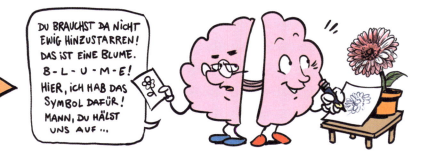

So wie jeder ein Instrument lernen kann, ohne gleich Rockstar werden zu müssen, könnte auch jeder ein grundlegendes Verständnis und Selbstvertrauen im Bereich des Zeichnens entwickeln.

Für viele allerdings reicht eine negative Kritik, Bescheinigung fehlenden Talents oder einfach die eigene Unzufriedenheit.

... Und dann hören sie auf zu zeichnen.

Die daraus folgende fehlende Gewohnheit sich in den R-Modus zu begeben und die Überbetonung des L-Modus bei der Vermittlung und Bearbeitung vieler Aufgaben, lässt die linke Hirnhälfte viele Funktionen übernehmen, die ihr eigentlich nicht unbedingt liegen – und andere Potenziale unserer Wahrnehmung liegen brach oder verkümmern gar.

Geruchsempfinden, das Lesen von Körpersprache, Intuition und das Erkennen von Eingebungen ... All das sind Potenziale, die keinem von uns fremd sind, wir nutzen sie nur selten oder gar nicht.

Und genau so verhält es sich auch mit dem Verwenden von Bildern.

Ich muss allerdings ehrlich sein: All diese Übungen sind zweitrangig, sie sind nur Mittel zum Zweck. Die zeichnerischen Fähigkeiten, die du dabei erlernen wirst, sind ein positiver Nebeneffekt, aber nicht das Wichtigste, was ich mit dir entdecken möchte.

Aber was dann?

Worauf es beim Zeichnen ankommt, ist, der rechten Hirnhälfte die Führung zu überlassen. Wenn wir das tun, erleben wir einen Zustand von ganzheitlicher Wahrnehmung.

Du wirst diese Flow-Momente kennen, in denen du in einer Tätigkeit ganz aufgehst, ganz eins bist mit dem, was du tust.

Das Bewusstsein für das Ganze, ebenso wie für seine Details, ist geschärft und du bist eingerichtet und konzentriert bei deiner Aufgabe, ohne das Verstreichen von Zeit zu bemerken – dafür bist du in hohem Maße durchströmt vom Sinn deiner Tätigkeit.

Es ist ein Zustand jenseits von Worten und konkreten Begriffen, dafür aber von Intuition und Einsicht. Nach Abschluss deiner Aufgabe fühlst du dich nicht erschöpft, sondern erfrischt und erfüllt.

Diesen Zustand möchte ich in dir kultivieren, und regelmäßiges Zeichnen tut genau das.

Es wird dir zur Gewohnheit werden, Dinge und Sachverhalte anders wahrzunehmen, verborgene Bedürfnisse zu erkennen und scheinbar Kompliziertes in seinem Kern zu verstehen.

Wenn wir etwas zeichnen, treten wir mit diesem Objekt in Kontakt, tauchen in es ein, verstehen es aus seinem Kern heraus …

Jedes mal ein bisschen mehr!

Ins Extrem formuliert hat das der japanische Künstler Hokusai:

»Seit ich sechs Jahre alt bin, habe ich die Manie zu zeichnen gehabt. Mit fünfzig Jahren hatte ich eine unendliche Menge von Zeichnungen veröffentlicht, aber alles, was ich vor dem dreiundsechzigsten Jahre geschaffen habe, ist nicht der Rede wert.
Gegen das Alter von dreiundsiebzig Jahren ungefähr habe ich etwas von der wahren Natur der Tiere, der Kräuter, der Fische und der Insekten begriffen.
Folglich werde ich mit achtzig Jahren nochmals Fortschritte gemacht haben. Mit neunzig Jahren werde ich das Geheimnis der Dinge durchschauen und wenn ich hundertzehn Jahre zähle, wird alles von mir, und sei es auch nur ein Strich oder ein Punkt, lebendig sein!«

Was er hier beschreibt, ist die erfüllende Erfahrung, im Äußeren den Widerhall seiner selbst zu erkennen. Aus der Unmittelbarkeit heraus zu erschaffen und dabei in vollem Maße bewusst zu sein, wie es uns aus meditativen Zen-Haikus entgegenstrahlt.

Aus solchem Erfahren heraus erwachsen Wertschätzung, Liebe und Respekt für unsere Welt.

Zeichnen, wie wir es in diesem Buch behandeln, erhält dann eine Relevanz, wenn wir unsere geübten Erfahrungen in den Austausch und den Dialog mit anderen bringen. Indem wir ihnen besser zuhören. Indem wir uns leichter an ihre Worte erinnern. Indem wir Ideen besser verbreiten, erklären und weiterentwickeln. Indem wir gemeinsam mit anderen Neues entstehen lassen. Teilt euer Denken! Visualisiert eure Worte, um zu sehen, was ihr sagt!

Dabei wird jede deiner Visualisierungen individuell gefärbt und nicht objektiv sein. Und das ist auch gut so, denn genau aus diesem Umstand werden deine Bilder wirken – weil sie glaubwürdig sind! Handgemachtes lädt ein und vermittelt Authentizität. Der Zeichner steht für seine Bilder ein, denn sie entspringen einer Verbundenheit mit den Dingen, die er erlebbar macht. Dabei wird es weniger auf die Form ankommen. Es geht nicht um schöne Bilder. Es kommt auf den Inhalt an!

Deine Bilder werden eine Relevanz haben – und zwar dann, wenn du ihnen diese Relevanz selbst zugestehst. Auf diese Weise kannst du, indem du übst, deine Gedanken und die Welt mit neuen Augen zu sehen, anderen und dir selbst unglaublich nutzen. Das schenkt Sinn. Und sehr viel Freude!

Darum geht es in diesem Buch.

» Ein Talent ohne Handwerk ist wie eine Maschine ohne Treibstoff. «

Robert McKee

KAPITEL 2

 BEDÜRFNISZEICHNUNGEN

Nun, beim Visualisieren gibt es im Grunde zwei Ansätze:

Das symbolische Zeichnen, das lediglich erlernte Strichfolgen trainiert, vergleichbar mit dem Vokabellernen bei einer Fremdsprache. Hier kann sich die linke Gehirnhälfte austoben – die Fähigkeiten, die für diese Art des Zeichnens benötigt werden, sind in hohem Maße ihr Ressort. Diese Art zu Visualisieren wird beispielsweise in Workshops zur Flipchartgestaltung gelehrt.

Außerdem gibt es das anatomische, perspektivische, realistische Zeichnen. Es ist der Ansatz, an den wir denken, wenn wir die klassische Zeichenschule vor Augen haben. Wer hier Erfolg haben will, muss der rechten Hirnhälfte die Führung überlassen – es geht um das genaue Hinschauen fernab von Begriffen. Außerdem ist das Erlernen von verschiedenen Techniken vonnöten!

UNSER ANSATZ LIEGT ZWISCHEN DIESEN BEIDEN METHODEN, NUTZT ELEMENTE VON BEIDEN UND FORDERT AUCH BEIDE HIRNHÄLFTEN HERAUS.

ICH NENNE DIESE ART DES ZEICHNENS BEDÜRFNISZEICHNEN!

Es ist nämlich so, dass nichts einfach nur so aussieht, wie es aussieht – jede Form ist Ausdruck eines Bedürfnisses!

Diese grundsätzliche Beschaffenheit des Symbols Telefon ist in all seinen verschiedenen Ausdrucksformen sichtbar.

Selbstverständlich kann man auch weitere Details hinzufügen. Sie können mehr über unser Objekt erzählen, es in einen Zusammenhang stellen oder deutlicher machen, was wir vermitteln wollen. Dabei analysiert die linke Hirnhälfte die Bedeutung der einzelnen Teile eines Objekts und die rechte stellt sich auf ihre Form ein.

Da unsere Motivation zu visualisieren allerdings die ist, Zeichnen als schnelle, unmittelbare Technik zur Verständigung einzusetzen, wählen wir im Zweifel immer den einfachsten Weg. Am wichtigsten ist, dass die Bedeutung klar wird!

Mit der »guten Zeichnung« ist hier eine detailreiche Zeichnung gemeint. Visualisierungen, die nach üblichen Bewertungskriterien »schlecht« sind, werden dennoch in hohem Maße vom Betrachter erkannt!

Betrachtet man also Objekte auf die beschriebene Weise, ist es leicht, sie in ihrem Kern zu erfassen ... und aus ihnen Symbole zu machen!

Ist dir übrigens aufgefallen, dass wir ein Telefon gezeichnet haben, das es so kaum noch im Alltag gibt? Trotzdem erkennt jeder, was gemeint ist – üblicherweise über Sprach-, Alters- und Kulturgrenzen hinweg! Das ist so, weil wir alle das Aussortieren, Vereinfachen und Versymbolisieren von Informationen ständig ausüben. Und das seit unserer Kindheit!

Deshalb können und sollten wir häufig mit allgemeingültigen, manchmal veralteten Klischees arbeiten. Denn in Wahrheit sehen Telefone inzwischen eher so aus:

Oder sogar so:

Ein weiteres Beispiel:
Was macht einen Apfel zum Apfel?

EIN KREIS REICHT NOCH NICHT AUS...

EIN STIEL AUCH NICHT... ERINNERT AN EINEN PFIRSICH.

ZWEI NEBENEINANDER... DAS SIND KIRSCHEN!

... ABER SO!

Erst mit Blatt und Stiel erkennt es jeder als Apfel!

...UND VIELLEICHT NOCH MIT DEM REST DES BLÜTENSTANDES!

Allerdings sehen wir im Laden nur selten einen Apfel, der noch ein Blatt hat. Warum ist es dann zusammen mit dem Stiel für das Erkennen so wichtig? Schauen wir uns an, wie der Apfel wächst, um die Bedürfnisse seiner Einzelteile zu verstehen. Zunächst ist da nur eine Blüte. Nach der Befruchtung verdickt sich die Blütenachse und die Kelchblätter vertrocknen.

ICH BEHERBERGE DIE SAMEN UND BIN ESSBAR!

Dabei ist die Form allerdings nicht entscheidend ... zumindest nicht völlig! Und auch realistische Formen sind oft Schummelei.

Diese kurvenreiche Form zeigt nämlich Vertiefungen, die von der Seite gar nicht sichtbar sind!

ICH SAMMLE SONNENSTRAHLEN UND HELFE SO, FRUCHTZUCKER ZU PRODUZIEREN!

ICH ZIEHE KRAFT AUS DER ERDE UND SORGE DAFÜR, DASS WIR NICHT VOM AST FAAA...!

Jetzt aber zur Praxis: Wie sollen wir denn nun eigentlich zeichnen? Es gibt zwei Möglichkeiten, einen Gegenstand entstehen zu lassen: Entweder man setzt ihn aus Teilen zusammen oder man versteht ihn über seine Silhouette.

Ersteres ist eher ein analytischer, linkshirniger Ansatz, letzteres ein ganzheitlich-abstrakterer, rechtshirniger Ansatz. Und wir wollen natürlich beides!

Es ist schon erstaunlich: mit nur wenigen Grundformen lassen sich alle Gegenstände darstellen! Diese drei Formen sind:

Dein Kreis wird nicht richtig rund? Die Linien werden etwas wackelig? Keine Sorge: Übung macht den Meister. Außerdem solltest du dir deine drei Grundformen ruhig möglichst flexibel vorstellen. Denk dir, sie seien aus Gummi und du könntest sie in jede beliebige Richtung verzerren. Das macht dich lockerer und deine Formen nahezu universal einsetzbar!

Jetzt ergänzen wir deinen Werkzeugkasten noch um den Punkt und die Linie – und damit hast du alles, was du brauchst!

Vielleicht klingt das komplizierter, als geometrische Formen zu zeichnen, aber in Wahrheit ist ein Punkt nichts weiter als das, was erscheint, wenn ein Stift das Papier berührt. Eine Linie entsteht, wenn du dabei den Arm bewegst. Probierst du es aus? Na bitte! Ist doch ganz leicht!

Keine Angst vor deinem Strich! So wie du ihn ziehst, ist er richtig. Sei nicht verzagt oder zu vorsichtig.

Und halt – du musst nicht absetzen, mach die Linie ruhig in einem Strich! Zieh zur Auflockerung einige mutige Linien übers Papier, schwinge sie, lass sie abrupte Wendungen nehmen, drücke stark auf oder nur leicht…

Nun zur anderen Herangehensweise: Man kann die Dinge auch über ihre Außenform begreifen, über ihre Silhouette also. Das menschliche Auge ist daran gewöhnt, Gegenstände anhand ihrer Umrisse zu erkennen. Da hat die linke Hemisphäre bereits wichtige Speicherarbeit geleistet.

Diese Technik nennt man Negativraum. Womit wir es hier zu tun haben, ist im Grunde ein Verdrängen von Räumen. So wie ein Schatten lediglich eine Stelle ist, auf die kein Licht fällt, ist ein Objekt verdrängte Leere.

Noch anschaulicher illustriert es eine Anekdote von Michelangelo. Als er nach mehreren Jahren seinen David aus einem über fünf Meter hohen Statuario-Marmor-Block herausgehauen hatte, bestürmte ihn jeder mit der Frage, wie ihm dieses Meisterwerk gelungen sei.

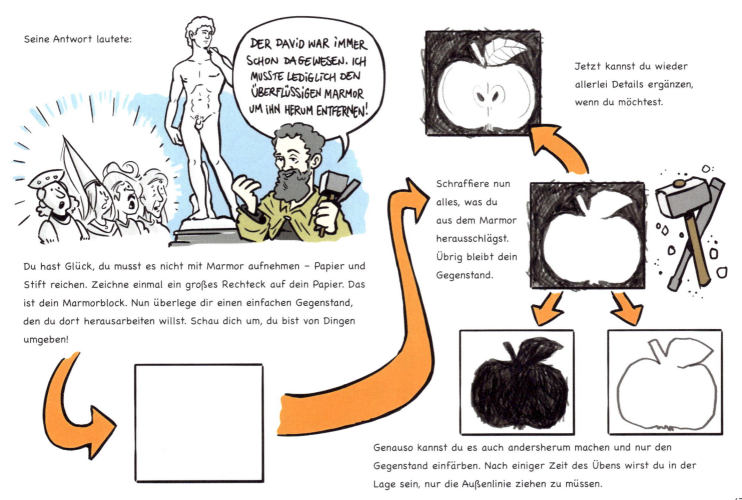

Toll, was?!

Mit diesen grundsätzlichen Mitteln, also unseren Grundformen, dem Verstehen von Negativräumen und dem Erkennen von Bedürfnissen, hast du alles an der Hand, um mit offenen Augen durch unsere Welt zu laufen und überall Motive zu finden. Übe Visualieren! Das kannst du jederzeit tun, wann immer du einmal fünf Minuten Zeit hast! Fange mit einfachen, kleinen Gegenständen an und steigere dich langsam. Du kannst dies leicht zur Gewohnheit machen, indem du immer ein Skizzenbuch und einen oder mehrere Stifte mit dir führst. Ein schwarzer und grauer Marker wirken schon Wunder! (Mehr dazu in späteren Kapiteln.)

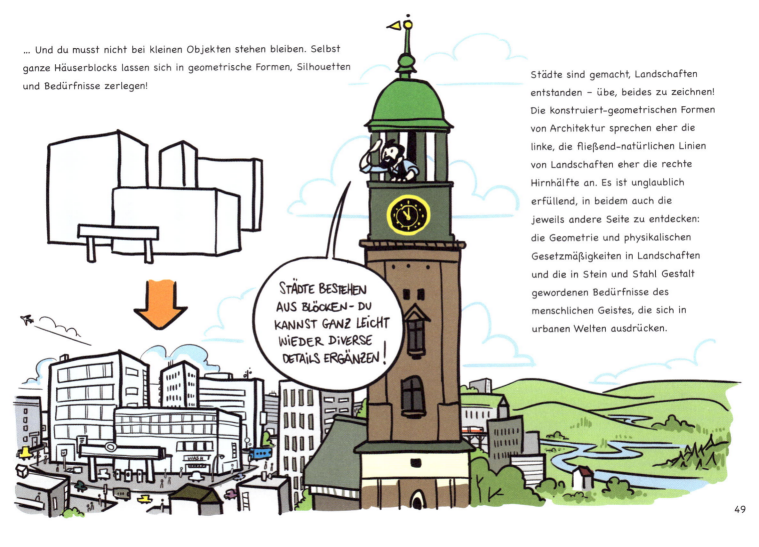

... Und du musst nicht bei kleinen Objekten stehen bleiben. Selbst ganze Häuserblocks lassen sich in geometrische Formen, Silhouetten und Bedürfnisse zerlegen!

Städte sind gemacht, Landschaften entstanden – übe, beides zu zeichnen! Die konstruiert-geometrischen Formen von Architektur sprechen eher die linke, die fließend-natürlichen Linien von Landschaften eher die rechte Hirnhälfte an. Es ist unglaublich erfüllend, in beidem auch die jeweils andere Seite zu entdecken: die Geometrie und physikalischen Gesetzmäßigkeiten in Landschaften und die in Stein und Stahl Gestalt gewordenen Bedürfnisse des menschlichen Geistes, die sich in urbanen Welten ausdrücken.

STÄDTE BESTEHEN AUS BLÖCKEN – DU KANNST GANZ LEICHT WIEDER DIVERSE DETAILS ERGÄNZEN!

ICH MÖCHTE AN DIESER STELLE NOCH EINMAL DARAUF HINWEISEN: ES GEHT NICHT UMS SCHÖNE BILD!

WUFF.

Erinnere dich noch einmal an unser Ziel: Wir wollen Zeichnen als Technik einsetzen, besser zuzuhören, zu erklären und Ideen zu entwickeln. Das Bild ist dabei häufig nur Mittel zum Zweck. Sogar das Zeichnenüben selbst hat vor allem den Sinn, die Wahrnehmungsfähigkeit zu schärfen.

Leg dir also keine Steine in den Weg, indem du deine eigenen Ansprüche zu hoch schraubst. Solange deine Zeichnungen lesbar sind, ist alles in bester Ordnung. Schöner werden sie mit der Zeit von ganz allein. Ich kenne natürlich selbst das Gefühl, nicht gut genug zu sein. Ich glaube, das kommt daher, dass man bei einer Zeichnung sofort den Effekt sieht. Und vor allem: Die Zeichnung bleibt stehen!

Wie anders ist es, wenn man beispielsweise ein Instrument lernt. Auch da passieren laufend Fehler. Hört man aber auf zu spielen, ist der Fehler sofort verschwunden. Als wäre er nie da gewesen!

Bei einer Zeichnung ist das anders: der falsche Strich ist da, und verschwindet auch nicht, wenn man aufhört zu zeichnen. Versucht man daran herumzuverbessern, wird es oft nur schlimmer, und so haben viele grundsätzlich vernünftige Zeichnungen ihren Weg in den Papierkorb gefunden.

Dennoch glaube ich, so wie grundsätzlich jeder ein Instrument erlernen kann, dass auch allen Menschen die Fähigkeit zum Zeichnen innewohnt. Es muss ja nicht jeder ein Rockstar werden. Oder ein Michelangelo.

Dieser Ball-ins-Tor-Effekt, also die Unmittelbarkeit des eigenen Visualisierens, ist allerdings auch seine größte Kraft – vertraue also deiner Fähigkeit zu zeichnen! Und hebe auch ruhig alte Arbeiten auf. Sie werden dich später motivieren, wenn sie dir deine Entwicklung sichtbar verdeutlichen!

Oft muss nicht einmal der ganz Körper dargestellt werden. Meist reicht schon so etwas!

Zeichne unterschiedliche Figuren – einmal groß, einmal klein, einmal dick und einmal lang und dünn ...

Dann füge, wenn du möchtest, wie gehabt nach Belieben Details hinzu. Vergiss nicht: Wir visualisieren nur das Mindeste, das wir zeigen müssen, um unseren Punkt verständlich zu machen. Je differenzierter wir uns ausdrücken wollen, desto genauer sprechen wir auch auf visueller Ebene.

Na los, probier es selber aus!

Unsere Figuren sind aber keine gefühllosen Pappkameraden! Sie sind sensibel und könne alle menschlichen Regungen ausdrücken! Und das Tolle: Sie brauchen dazu nur drei magische Zutaten:

Dieses Prinzip kennt im Grunde jeder, der schon einmal eine Textnachricht geschrieben hat. Schau doch mal in die Emoticon-Galerie deines Smartphones. Dort wirst du jede Menge Anregungen finden! Interessant ist dabei übrigens der Ansatz der japanischen Emoticons oder Kaomoji, was übersetzt etwa so viel wie Buchstabengesicht bedeutet. Im Japanischen gelten die Augen als Spiegel der Seele, weshalb bei der Darstellung von Emotionen ein größeres Gewicht auf die Augen gelegt wird als auf den Mund. Das führt zur Verwendung anderer Satzzeichen!

:)   :(^_^   u_u   T_T

Zeichne einmal eine Gruppe von Figuren auf. Und nun probiere, was passiert, wenn du nur eine der Zutaten hinzufügst oder veränderst.

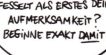

WAS ZEICHNEST DU EIGENTLICH ZUERST? DEN KÖRPER ODER DAS GESICHT?

KOMMT DRAUF AN. WENN ES MEHR UM DIE HALTUNG UND DIE PHYSIOGNOMIE GEHT, BEGINNE ICH MIT DEM KÖRPER UND ERGÄNZE DANN EVTL. GESICHTSZÜGE. STEHT DIE EMOTION IM VORDERGRUND, MACHE ICH ES UMGEKEHRT. FRAGE DICH SELBST: WAS FESSELT ALS ERSTES DEINE AUFMERKSAMKEIT? BEGINNE EXAKT DAMIT!

Wie sieht ein Gesicht aus, das wütend, das erstaunt, das nachdenklich, das gelangweilt ist? Diese Ausdrücke sind zu großem Teil universell. Stell dich vor einen Spiegel und ziehe Grimassen. Und dann übertreibe, überzeichne und schmücke aus! Erstaunte Augen sind groß? Zeichne sie riesig! Ein schreiender Mund ist weit aufgerissen? Dann lass doch gleich den ganzen Unterkiefer weg! Jemand ist sprachlos? Dann hat er keinen Mund!

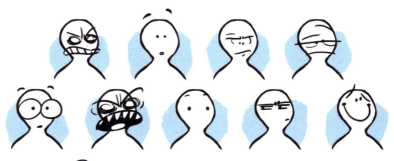

Kombiniere die Gesichter mit Symbolen und Zeichen. Ein gieriger Mensch hat, Dollarzeichen statt Augen. Wenn jemand eine Idee hat geht ihm ein Licht, also eine Glühbirne, auf. Jemand kocht vor Wut? Aus seinen Ohren strömen Dampfwolken.

Unsere Sprache ist voll von solchen Bildern. Achte auf sie und sie geben dir nicht nur Hinweise auf Bildideen, sondern erzählen dir vieles über dein Gegenüber.

Solche Hilfsmittel fasse ich zusammen unter der Bezeichnung Dinge, die nicht sind. Wir sind es gewohnt, in Visualisierungen unsichtbare Zustände oder sequenzielle Abläufe durch Linien, Pfeile und Symbole zu lesen. Nutze selbst in deinen Zeichnungen diese Effekte!

Emotionen lassen sich nicht nur durch unser Gesicht darstellen. Auch unsere Körpersprache macht uns zu einem offenen Buch! Hier wird ein großer Vorteil offenbar, den wir als Zeichner haben: Wir brauchen keine Vorlagen oder Modelle – wir haben unseren eigenen Körper als Orientierung! Wie bewegst du dich denn, wenn du vor Lebensfreude die Welt umarmen könntest? Oder wenn du völlig niedergeschlagen bist? Oder wenn du es eilig hast? Oder müde bist? Oder verzagt? Oder mutig?

Lass die Bewegung in die Form einfließen!

Du siehst, all das geht völlig ohne Gesichtsausdrücke! Aber setze dich nicht unter Druck: Das Wichtigste ist, dass klar wird, was du ausdrücken willst. Im Zweifel mach es einfach so:

VIELE SCHAUSPIELER NUTZEN KÖRPERHALTUNGEN UND VERHALTENSWEISEN, IN DENEN EIGENE ERINNERUNGEN UND EMOTIONEN GESPEICHERT SIND, UM SICH IN EIN AUTHENTISCHES ERLEBEN IHRER ROLLEN ZU SPIELEN.

HEY, REDEST DU MIT MIR?

ROBERT DENIRO

Verbinde auch diese Übungen mit den Dingen, die nicht sind. Wenn du diese Effekte durch zeichnen übst und so verinnerlichst, hast du mehr gelernt als zeichnen. Du hast deine Sinne geschärft für subtilere Ebenen des Austauschs und der Kommunikation.

Und nun bring alles zusammen!

Kombiniere Haltungen mit unterschiedlichen Personen! Unterstütze Stimmungen mit Kleidung und Symbolen. Gib deinen Figuren Objekte, mit denen sie in Beziehung stehen und die etwas über sie erzählen!

Und benutze eines unbedingt: Klischees, Typisches und Vorurteile. Nicht weil die Welt so ist, sondern weil wir auf diese Art am besten an unsere inneren Archive herankommen.

Ein Koch ist immer dick, ein Seemann raucht immer Pfeife und ein Polizist trägt immer Oberlippenbart. Alles Unsinn? Genau! Aber es funktioniert!

»Leserlichkeit ist die Höflichkeit der Handschrift.«

Friedrich Dürrenmatt

SCHRIFT
Schrift
Schrift
Schrift

KAPITEL 3

Weshalb mit Schrift beginnen? Nun, das Gefühl mit einem Stift in der Hand nicht umgehen zu können, verliert man schneller, wenn man sich bewusst macht, dass wir darin in Wahrheit bereits täglich angewandte Übung haben: schließlich können wir alle schreiben! Sicher, viele vernachlässigen ihre Handschrift ein wenig. Aber dennoch schafft es jeder …

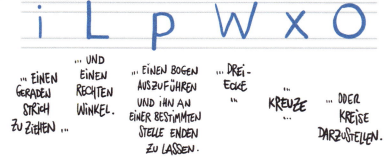

All diese Bewegungsfolgen, bei denen wir einen Stift über das Papier ziehen oder schieben, sind natürlich gelernt und verinnerlicht. Sie laufen wie von selbst. Und sie beweisen, dass wir sie ausführen können. Durch häufiges Zeichnen kannst du eine ähnliche Routine erlangen, wenn es darum geht, aus dem Stegreif zu visualisieren – und gleichzeitig Hirnkompetenz für Denk- und Wahrnehmungsvorgänge freizuhaben, so wie es dir auch beim Schreiben geht!

Schrift liegt uns nahe, weil wir mit ihr im täglichen Umgang so vertraut sind. So wie wir in unserer persönlichen Entwicklung aber zunächst im symbolisierenden Zeichnen zu Hause waren, waren es auch unsere Vorfahren in der Steinzeit.

Schon 25.000 Jahre vor der Entstehung der ersten Schriftsysteme begannen die Menschen, sich durch Visualisierungen auszudrücken. Wenn es zur Funktion dieser frühen bildlichen Darstellungen auch unterschiedliche Theorien gibt, wird doch in jedem Fall deutlich, dass das Bedürfnis, Flüchtiges oder Unsichtbares sichtbar zu machen, ein archaisches Bedürfnis des Menschen ist.

Und stets ist Visualisierung ein Mittel der Kommunikation gewesen! Je konkreter und spezifischer die zu übermittelnden Informationen jedoch wurden, je größer die Entfernungen waren, über die Menschen miteinander – zum Teil nur noch mittelbar, beispielsweise durch Warenhandel – in Kontakt traten und je dauerhafter eine Information unabhängig von einer mündlichen Übertragung Bestand haben sollte, desto weniger reichten Bilder dazu aus. Die linke Hemisphäre braucht klare Fakten und will keine weitgehend bedeutsamen Bilder interpretieren. Vor allem wenn es um Handel, Buchführung und Verwaltung geht!

Doch der Übergang war fließend. So wie viele Schriftsysteme im religiös-mystischen Kontext ihren Ursprung haben (und sich auch immer noch gern mit solchen Erlebnisebenen verbinden), wurden aus den Malereien, die in ähnlichem Rahmen angesiedelt gewesen sein mögen, mit der Zeit Symbole und vereinfachte Piktogramme. Standen sie zunächst noch für das dargestellte Objekt, wurden die Zeichen nach und nach zu Stellvertretern für Silben oder Laute.

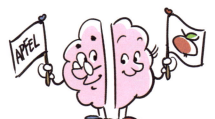

Manchen Schriftsprachen sieht man diese Herkunft noch heute an. Die meisten aber haben sich völlig von ihren Vorlagen entfernt.

Wir wollen für unsere Zwecke natürlich wie immer beides haben!

Bei allen Visualisierungsmethoden kommt es darauf an, Sachverhalte klarer und nicht Sichtbares greifbar zu machen. Wir wollen Verständnis fördern und keine Bilderrätsel lösen!

Deshalb ist es wichtig, dass du deine Handschrift trainierst. Oft ist das geschriebene Wort für visuelle Präsentationen der Schlüssel, der dem Betrachter die Bildebene eröffnet.

... Und daher ist es ebenso wichtig leserlich zu schreiben, wie es unerlässlich ist, in einer Präsentation deutlich zu sprechen!

Aber auch hier gilt wieder: Setz dich nicht unter Druck! Leserlich zu schreiben, ist kein Hexenwerk. Mit etwas Übung wirst du zwangsläufig besser! Es ist ebenso wichtig, leserlich zu schreiben, wie es unerlässlich ist, in einer Präsentation deutlich zu sprechen!

Beginne mit den Großbuchstaben einer ganz einfachen Blockschrift. Viele Trainer schreiben der Einfachheit halber nur so! Übe zur Orientierung auf kariertem Papier. Beginne auf einem Notizblock und gehe später auch auf große Formate wie Flipcharts über. Nach einer Weile wirst du keine Kästchen zur Orientierung mehr brauchen. Du kannst dir aber stets ein kariertes Papier unterlegen und die Hilfslinien durchscheinen lassen.

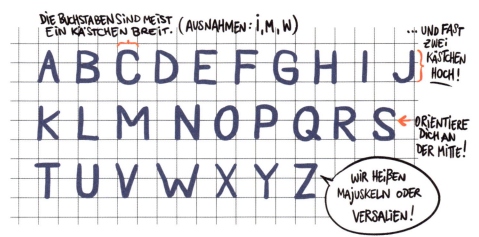

Sei dir der Linienführung bewusst! Sie folgt unserer gewohnten Leserichtung von links nach rechts und vor allem von oben nach unten! Dabei ist der Bewegung von oben nach unten Vorrang zu geben, zum Beispiel beim S. Der Grund ist, dass unser Schriftbild dadurch geprägt ist, dass früher üblicherweise mit der Feder geschrieben wurde, und diese lässt sich nun einmal leichter ziehen als schieben.

Nach etwas Übung nimm die Kleinbuchstaben dazu. Sie heißen in der Fachsprache Minuskeln oder Gemeine.

Hier kommt nun etwas hinzu, was bei den Großbuchstaben noch keine Rolle spielte: Die Ober- und Unterlängen!

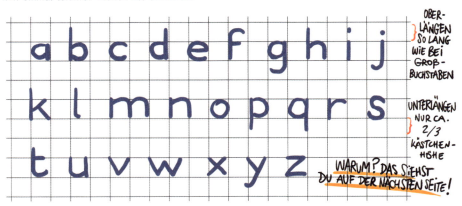

Nun mache eine Schreibprobe, in der du Groß- und Kleinbuchstabengrößen zusammenbringst!

ACHTUNG! LASS GENUG PLATZ ZWISCHEN DEN WORTEN!

DER RAUM ZWISCHEN DEN BUCHSTABEN IST DIE LAUFWEITE.

LASS DEN INNENRAUM DER LETTERN (ALSO DIE PUNZEN) OFFEN!

Dann mache einen Zeilenumbruch. Lasse dazu eine Kästchenreihe frei. Hier macht es sich nun bezahlt, auf die Unter- und Oberlängen geachtet zu haben! Hast du die Oberlängen nicht zu hoch und die Unterlängen nicht zu tief gezogen, so bleibt genug Raum zwischen den Zeilen! Dieser Raum wird übrigens Durchschuss genannt.

Jetzt hast du bereits das Rüstzeug für eine zugängliche Handschrift zusammen! Wenn du hier sicher bist, kannst du beginnen, sie zu variieren und vielseitig einsetzbar zu machen. Hebe Textzeilen oder Worte hervor, indem du *KURSIV* oder **FETT** schreibst!

SCHAU, WIE DIE OBERLÄNGEN EINE KÄSTCHENBREITE ÜBERWINDEN!

Lege den Buchstaben breiter an.

Ziehe alle Striche doppelt ...

... oder gar dreifach!

Fülle die Fläche aus!

... ODER DU NIMMST 'NEN RICHTIG DICKEN STIFT!

Überhaupt sollten wir einmal auf unterschiedliche Schreibwerkzeuge zu sprechen kommen (ausführlicher werden wir dieses Thema in Kapitel 5 behandeln). Generell kennen wir drei Ansätze:

... die Rundspitze (die Strichstärke bleibt weitestgehend konstant, wirkt so wie ein Stock, mit dem man in den Sand zeichnet),

... die Keilspitze (leitet sich von der angespitzten Feder ab: es gibt eine schmale und eine breite Seite),

... den Pinsel (Grundlage für ostasiatische Schriftzeichen. Die Strichbreite ist völlig flexibel. Fordert dafür auch eine größere Beherrschung).

> Jedes Werkzeug erlaubt uns zudem zwei grundsätzliche Möglichkeiten der Strichführung: absetzen oder durchziehen!

a → ABSETZEN
a → durchziehen

Aus diesen Bedingungen heraus sind unzählige Schriften entstanden!

> MACHE AUCH DAS WAHRNEHMEN VON SCHRIFT ZU EINER ÜBUNG! VERSCHIEDENE SCHRIFT IST ÜBERALL UM DICH HERUM. ERLEBE SIE BEWUSST UND MACHE SCHRIFTPROBEN.

In diesem Zuge lohnt es sich, auch einmal einen kurzen Blick auf Schriften zu werfen, die man Federkalligrafien nennt und die man mit Keilspitzen reproduzieren kann. Ihre Ästhetik speist sich aus der Tatsache, dass ein Stift zwei unterschiedliche Strichbreiten hinterlässt. Versuche es einmal!

Beobachte den Effekt, wenn du den Stift in deiner Hand drehst!

Du kannst auch hier in durchgezogenem Stil schreiben oder zwischen einzelnen Strichen absetzen.

Auch Serifen sind aus Federschriften entstanden.

DAS IST EINE KEILSPITZE!

AUFRECHT... ODER QUER? NACH LINKS GEDREHT... ODER NACH RECHTS?

durchschreiben **ABSETZEN.**

1... 2... 3... Voilà!

DU KANNST DEINE BUCHSTABEN MIT IHNEN VERZIEREN!

DAS SIND SERIFEN: DIE KLEINEN ABSTRICHE AN DEN ENDEN DER BUCHSTABENLINIEN!

Serifen

Das ist doch für eine flüssige Moderationsschrift viel zu aufwendig!

Stimmt! Für laufenden Text oder längere Passagen, reicht es zunächst völlig aus, sicher in einer einfachen Handschrift zu sein. Aber für Effekte, Hervorhebungen und Überschriften eignen sich unterschiedliche Schriften sehr.

Headlines & Hervorhebungen
Nicht zu vergessen: Sublines

Dieser Text soll zeigen, wie wichtig und gleichzeitig einfach es ist, durch **HERVORHEBUNGEN** Teile des Textes in den **FOKUS** zu rücken.

Das kann durch *KURSIV* gesetzte Worte oder durch <u>UNTERSTREICHEN</u> geschehen.

Selbstverständlich können auch nützlich sein (damit werden wir uns im nächsten Kapitel noch eingehender beschäftigen).

Und natürlich: »Zitate einstreuen passt auch!«

Oder wie wäre es
- Symbole
- Bullet Points
- oder Ähnliches in den Text einzubauen?

Mal ehrlich, das kennst du doch alles aus PowerPoint! Sieht handgemacht aber einfach lebendiger aus!

Damit dein Text auf großen Formaten gut lesbar ist, kannst du dich übrigens an folgendem Richtwert orientieren: Headlines sind etwa so groß wie dein Finger, Fließtext wie eines seiner Glieder!

Mit einer solchen Sichtweise kannst du ganz anders mit Lettern umgehen. Du kannst dich selbstverständlich in festen Rastern bewegen, aber du kannst sie auch stauchen, ziehen und strecken!

Oder neigen, drehen, spiegeln ...

Oder du schaltest endgültig auf die Technik des Bedürfniszeichnens um, und unterwirfst die Worte völlig ihrer Bedeutung!

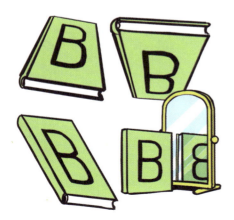

Verstärke deine gewählten Effekte durch folgende Tipps. Dabei macht es zum Teil Sinn, mit einem Bleistift zu üben.

FETTE LETTERN

Die hatten wir ja schon.
Hier noch ein paar weite Tricks, mit denen du fette Buchstaben erzeugen kannst:

1. ERST SCHREIBEN... ...DANN UMRANDEN.

WOW! DASS KANN MANN IMMER WEITER FÜHREN!

2. MIT DEM BLEISTIFT VORZEICHNEN – UMRANDEN – WEGRADIEREN!

"ETWAS ÜBUNG, DANN GEHT'S AUCH OHNE VORZEICHNUNG!"

3. DIE REGELN DES NEGATIV-RAUMS BEACHTEN:

"...DER BUCHSTABE IST SCHON DA!"

ERST SCHREIBEN: WORT
DANN UMRANDEN: WORT
...UND AUSMALEN! WORT

ALL DAS BRAUCHT NATÜRLICH ETWAS ZEIT. FINDE DAFÜR IN LIVE-SITUATIONEN DIE RICHTIGE BALANCE. MANCHES KANNST DU AUCH SPÄTER ERGÄ...

Schatten

Wenn du ein Wort geschrieben hast, nimm einen grauen Marker, such dir jeweils die Außenkante der Striche und fahre mit dem Marker daran entlang.

 SO... VOILÀ!  GANZ EASY!

Schatten   SCHATTEN

Das funktioniert bei Absetz- und Durchziehschriften!

1. 2. 3. VERBINDE DIE IDENTISCHEN PUNKTE.

3D

SO, UND JETZT STELL DIR VOR, DAS GANZE IST AUS GLAS UND DU MALST ES AN.

KLAR, DASS DA DIE ÜBERFLÜSSIGEN LINIEN VERSCHWINDEN!

»Die Farbe ist der Ort, wo unser Gehirn und das Weltall sich begegnen.«

PAUL CÉZANNE

Farbe, Schatten & Perspektive

Kapitel 4

»Was will der nun plötzlich mit Kunst?«, wirst du vielleicht denken. Schließlich habe ich bisher immer wieder darauf hingewiesen, dass es nicht ums schöne Bild geht.

Das ist auch nach wie vor richtig. Visualisierung wie ich sie meine, hat nichts mit Kunst zu tun. Sie hat einzig den Zweck, Verständnis zu erhöhen, Menschen zu verbinden und neue Ideen entstehen zu lassen. Wir bedienen uns aber derselben Mittel wie die Kunst.

Und deshalb ist es auch sinnvoll zu untersuchen, wie in der Geschichte der europäischen Kunst mit Farben und Flächen, Schatten und Licht, Perspektive und Raumordnung umgegangen wurde. Viele Menschen erstarren in Ehrfurcht vor großen Kunstwerken – bewerten sie aber vor allem über ihre technische Dimension.

Allerdings stellten die Kunstwerke dieser Epoche nicht Individuen in den Mittelpunkt – sondern Prinzipien und menschliche Ideale.

Das liegt daran, dass unser Kulturverständnis tief in der Antike verwurzelt ist. Zur Zeit der griechischen und römischen Hochkultur waren die bildenden Künste enorm entwickelt.

Mit dem Untergang des römischen Imperiums gingen viele dieser Kulturtechniken verloren. Die Kunst des Mittelalters wirkt aus unserer heutigen Perspektive deutlich naiver und hatte auch zunächst eher das Selbstverständnis eines Handwerks.

Doch auch zu dieser Zeit haben Visualisierungen bestens funktioniert: Sie waren Informationsmittel und bildeten ebenfalls über den reinen Bildinhalt hinausgehende, zumeist religiöse, Prinzipien ab.

Und tatsächlich können wir alle Visualisierungen nutzen, um bei unserem Gegenüber Potenziale anzusprechen! Licht und Schatten, Farbe, Fläche und Perspektive helfen uns dabei.

Wir sehen nur das, was Licht reflektiert. Schatten zeichnen wir also überall da, wo keine Lichtstrahlen hinkommen. Stell dir also einfach vor, dass eine Seite deiner Zeichnung von einer gedachten Lichtquelle abgewandt ist – und ziehe dort mit einem grauen Stift einen kräftigen Strich!

Du kannst auch, ähnlich wie beim Negativraum, Schattenräume schaffen, die deine Zeichnung einrahmen oder sie abgrenzen.

HIER EINIGE BEISPIELE!

BODENSCHATTEN GIBT DEN FIGUREN EINEN BEZUGSPUNKT UND ERDET SIE!

Das geht sogar ohne grauen Stift. Benutze Schraffuren!

Ein recht griffiges Modell ist die Farbenlehre von Johann Wolfgang von Goethe (wenn auch schon zu seiner Zeit nicht unumstritten).

Es gibt jeweils drei Farben erster und zweiter Ordnung. Zwei Primärfarben ergeben in der Mischung dabei stets eine Farbe der zweiten Ordnung.

Sie liegt im Zirkel immer zwischen den beiden Mischfarben erster Ordnung.

(Rot und Gelb ergeben zum Beispiel Orange.)

Man kann auch andere Farben mischen, die nicht komplementär sind ... nur sollte man dabei nicht übertreiben, sonst wirkt die Gestaltung unruhig. Oder man bleibt im Spektrum einer Farbe.

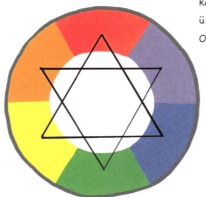

Zentral ist auch das Konzept der Komplementärfarben, da sie sehr gut miteinander harmonisieren. Dabei wählt man eine Farbe der ersten Ordnung und die ihr im Farbzirkel gegenüberliegende Farbe der zweiten Ordnung. Es sind also Rot-Grün, Blau-Orange, Gelb-Lila.

Wie auch immer wir Farbe einsetzen – wir sollten es bewusst tun. Ein Akzent wirkt manchmal besser als überwältigende Absolutheit.

In jedem Fall gibt Farbe Bedeutung.

Farbe ordnet, definiert Mengen und Verhältnisse. Wir probieren das mal an einem Beispiel aus.

Dies ist eine Skizze von Rembrandts *Nachtwache*.

Schau mal, wie anders das Bild wirkt, wenn die Gruppe durch Farbe unterschiedlich eingeteilt wird.

Farbe wirkt priorisierend und hat Signalwirkung!

Je häufiger du Farbe in deinen Visualisierungen einsetzt, desto sicherer wirst du darin werden. Aber geh es ruhig langsam an und lass dich nicht von allzu vielen unterschiedlichen Farben verwirren.

Beginne mit einer Graustufe, nimm dann eine Farbe dazu und steigere dich auf zwei. Für viele Zwecke wird das völlig ausreichend sein.

Nimm doch zum Beispiel zwei Komplementärfarben. Oder vielleicht die Farben deines Firmenlogos?

Wenn du dir unsicher bist, wie die Farbe in der Gesamtgestaltung wirkt, mach eine schnelle Skizze!

Geh einen Schritt weiter und gib der Farbe die Hoheit über die Bedeutung.

JAHRESZEITEN (FAST) NUR DURCH FARBE DARGESTELLT!

Benutze auch ruhig einmal falsche Farben!

> STATT GENAU WIEDERZUGEBEN, WAS MIR DIE AUGEN ZEIGEN, BEDIENE ICH MICH DER FARBE EIGENMÄCHTIGER, UM MICH STARK AUSZUDRÜCKEN!

VINCENT VAN GOGH

Jetzt wagen wir uns noch einen Schritt weiter weg von der Form.

Einige undeutliche Striche ...

... bekommen durch die richtige Farbe plötzlich eine ganz klare Bedeutung!

KENNST DU DEN?

NICHT ZU VERWECHSELN MIT DEM...

... ODER DEM!

FORM & FARBE WERDEN ZUM ICON!

Mit der auf minimale Grundformen und Farbe reduzierten Abzieh-Ikone hat bereits Andy Warhol experimentiert.

> ... UND MADONNA HAT'S NACHGEMACHT!

Werfen wir noch einen schnellen Blick auf das Thema Perspektive. Picasso sagt:

"MALEREI IST EINE LÜGE, DIE DIE WAHRHEIT ERZÄHLT."

Das ist wahr – für perspektivische Darstellungen muss ich Striche zeichnen, die falsch sind, um den richtigen Eindruck zu erwecken.

HIER IST KEIN EINZIGES QUADRAT ABGEBILDET, UND DENNOCH SIEHT DER BETRACHTER EINEN WÜRFEL!

Viele schrecken vor perspektivischem Zeichnen zurück. Aber das Prinzip ist nicht so schwer:

Deine Augenhöhe bildet den Horizont. Alles was darüber liegt, erscheint untersichtig, was darunter liegt, erscheint aufsichtig.

Den Rest der Form konstruierst du wie die 3-D-Buchstaben aus Kapitel 3.

Oder du nutzt die Zentral- oder Ein-Punkt-Perspektive!

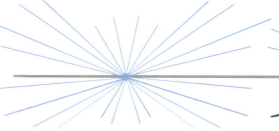

ZEICHNE MIT DEM BLEISTIFT EINEN PUNKT AUF DEN HORIZONT UND LASS IHN AUSSTRAHLEN.

NUN MUSST DU NUR NOCH LINIEN NACHZIEHEN ODER SENKRECHT ZUM HORIZONT SETZEN.

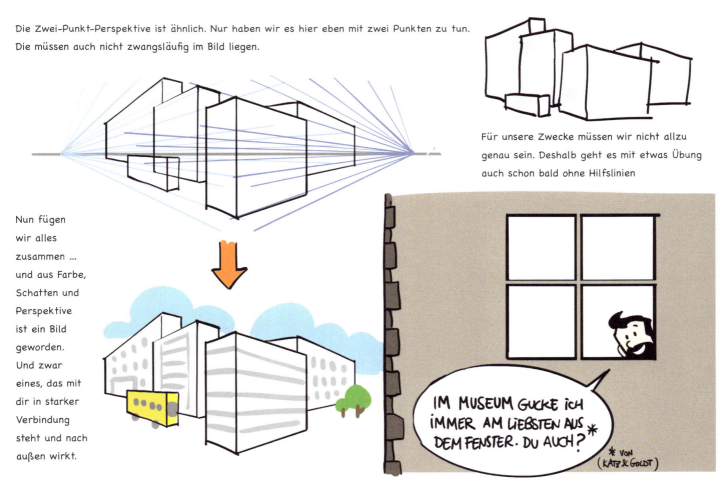

»MATERIAL BETRACHTE ICH NICHT UNTER DEM ASPEKT SEINER SCHÖNEN ESSENZ. DER EIGENTLICHE BEITRAG BESTEHT FÜR MICH IN EINEM ZWECK – DARIN EIN ZIEL ZU ERREICHEN.«

EVA HESSE

MATERIALKUNDE

KAPITEL 5

Hier im Fachgeschäft für Künstlerbedarf werden wir heute gemeinsam stöbern und uns verschiedene Materialien ansehen.

Im ersten Moment ist man natürlich etwas erschlagen. Wo eine Nachfrage ist, gibt es ein Angebot – und das nicht zu knapp!

Ich werde dir einen kleinen Überblick geben, ohne unseren Ansatz aus den Augen zu verlieren: Wir wollen schnell und ad hoc visualisieren, um besser zuzuhören, anderen Sachverhalte verständlich zu machen und Komplexes auf eine sichtbare, begreifbare Ebene zu bringen.

Das Material, das wir verwenden, soll uns selbstverständlich in diesem Sinne unterstützen und unkompliziert sein. Entsprechend brauchen wir heute nicht über Ölfarbe oder Steinmetzwerkzeuge zu sprechen.

Dennoch kannst du Visualisierungen in ganz unterschiedlichen Situationen einsetzen. Mal mit kleinstem Gepäck in einem Vortrag aus dem Auditorium heraus, mal öffentlich, gut vorbereitet und mit reichem Materialfundus in einer Präsentationssituation, dann wieder für dich ganz allein, aber mit viel Zeit, um Ideen zu entwickeln. In Kapitel 9 werde ich noch ausführlich auf verschiedene Einsatzmöglichkeiten eingehen.

Da diese unterschiedlichen Gelegenheiten unter Umständen verschiedene Materialien einfordern, werde ich versuchen, Materialgruppen auf unterschiedliche Verwendungsmöglichkeiten hin zu beleuchten und unter Umständen auch mal sinnvolle Werkzeugteams vorzustellen.

Dabei gehe ich zum Teil von meinen eigenen Präferenzen aus und gebe Empfehlungen. Es ist aber gut möglich, dass dir ganz andere Mittel viel besser liegen!

Zum Teil werde ich Produktnamen nennen, dann wieder einfach nur Materialtypen. Es gibt meist diverse Anbieter für ein und dieselben Dinge in allen Preis- und Qualitätsdimensionen. Es ist dabei wie so oft im Leben: Wer zum Billigen greift, wird mit schlechter Qualität bestraft und beim Teuersten zahlt man spürbar den Produktnamen mit. Meist fährt man mit einem soliden Mittelklasseprodukt sehr gut, häufig haben Läden für Künstlerbedarf und Büroartikelmärkte auch einige vernünftige und erschwingliche Eigenprodukte.

Ausnahmen bestätigen hier selbstverständlich wie immer die Regel!

Die Stärke

Sie sagt aus, wie dick das Papier ist. Dieser Wert misst sich in g/m². Seidenpapier wiegt 25 g/m², Kopierpapier hat ein Gewicht von 70 bis 90 g/m² und ein fester Zeichenkarton liegt schon mal bei 200 g/m². Dabei soll man sich nicht vom Wort Karton täuschen lassen – richtige Pappe, wie zum Beispiel für einen Aktendeckel verwendet, hat 600 g/m²!

Grundsätzlich ist es so, dass ein dickeres Papier auch mehr Farbe aufsaugt.

Struktur beziehungsweise Beschaffenheit

Hier geht es darum, ob das Papier glatt ist oder eine unruhige Oberflächenstruktur aufweist. Raues Papier sorgt für einen lebendigeren Strich. Dafür leidet die Exaktheit. Meist wird glattes Papier eher für Zeichnungen verwendet, raues dagegen für Arbeit mit dem Pinsel oder Kreiden.

Format

Ob von der Rolle im Format 1,5 × 10 Meter oder im Kleinstformat, von wenigen Zentimetern … Du bekommst Papier in jeder gewünschten Größe!

Wir sind an den Umgang mit DIN-Formaten gewöhnt.

Aber Achtung: Viele Kunstpapierformate bewegen sich nicht in diesen Formatvorgaben!

Dafür bekommst du viele von ihnen in kleinen Mengen oder sogar als Einzelbogen. Teste unterschiedliche Papiere aus und finde heraus, was dir am besten gefällt!

Auch farbiges Papier kann tolle Effekte haben!

Die Stifte, mit denen ich als Visualisierer am meisten arbeite, sind Neuland-Marker. Sie sind speziell für Ansprüche von Moderatoren und Visualisierern entwickelt.

Es gibt sie in unterschiedlichen Formen, von ganz dick bis ganz dünn, von Rund- bis Pinselspitze. Da ist für jeden das Richtige dabei!

VERHINDERT DAS HERUNTERROLLEN VOM TISCH!

BIG ONE · No.ONE KEILSPITZE · No.ONE PINSELSPITZE · No.ONE RUNDSPITZE

Mit Keilspitzen kannst du drei Strichbreiten erzeugen, indem du entweder die breite Seite, die schmale Seite oder nur eine Ecke aufsetzt.

Kontur

Neuland-Marker sind auf Wasserbasis. Sie drücken also nicht durch und man kann sogar leichte Misch- und Übergangseffekte schaffen. Kombiniere die Farbmarker mit dem Neuland-Konturenmarker. Er verschmiert nicht beim Kolorieren!

Neuland-Marker sind nachhaltig konzipiert: Verschlissene Stiftspitzen lassen sich einfach austauschen und vor allem sind die Stifte nachfüllbar!

Die Farbpalette ist groß genug, um eine schöne farbliche Varianz zu bieten, gleichzeitig ist die Palette so übersichtlich, dass man nicht den Überblick verliert.

Du kannst sie direkt bei *www.neuland.com* bestellen! Dort findest du auch jede Menge anderes Zubehör für den Workshop- und Visualisierungsbedarf!

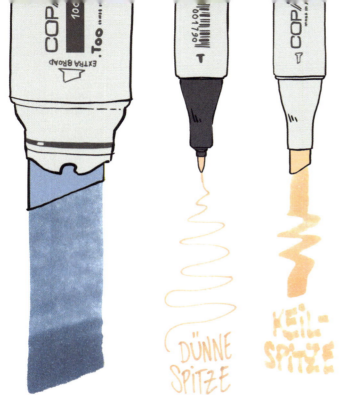

Natürlich gibt es auch viele andere schöne Marker. Probiere herum, kauf dir einzelne Stifte zum Testen und finde heraus was dir liegt.

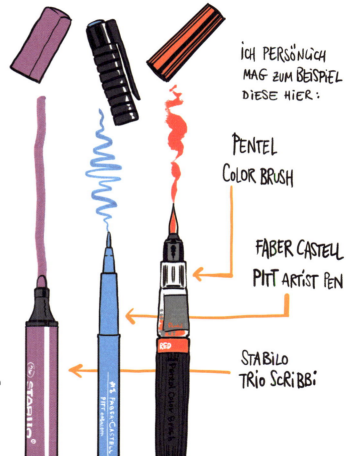

ICH PERSÖNLICH MAG ZUM BEISPIEL DIESE HIER:

PENTEL COLOR BRUSH

FABER CASTELL PITT ARTIST PEN

STABILO TRIO SCRIBBI

Manchmal sind einzelne Stifte einer Produktlinie sinnvoll. Die Firma Copic hat zum Beispiel eine sehr breite Farbpalette – ich nutze sie gern für Hauttöne. Außerdem haben sie Marker im Programm, die noch breiter sind als die von Neuland.

Gerade auf kleineren Formaten macht es Sinn, mit Finelinern zu arbeiten. Dünner als Filzstifte (bis zu 0,5 Millimeter) sind sie das ideale Konturwerkzeug. Die Produkte von Edding sind an dieser Stelle ziemlich günstig bei guter Qualität, aber auch GeoCollege benutze ich häufig.

Du darfst aber auch gern zum häufig Naheliegenden greifen: Auch mit dem Kugelschreiber kann visualisiert werden!

Wenn du weiße Details auf einer farbigen Fläche realisieren möchtest, filigranes Arbeiten aber zu lange dauert, gibt es zwei Möglichkeiten:

Du schreibst mit einem weißen Acrylmarker direkt auf die Farbe, zum Beispiel mit dem Molotov ONE4ALL.

Oder du benutzt den Molotov MASKING LIQUID PUMP MARKER.

Dieser Stift enthält eine Abdeckflüssigkeit. Schreibe zuerst mit diesem Stift vor, koloriere dann darüber, und radiere ihn danach einfach weg. Was bleibt sind filigrane weiße Aussparungen!

Was wären wir ohne Bleistifte? Zum schnellen Skizzieren, vorzeichnen, Hilfslinien ziehen ...

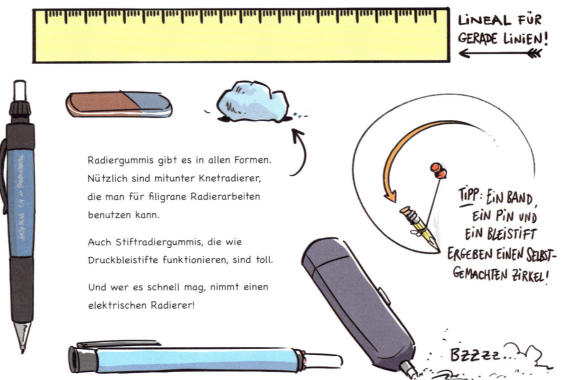

Es gibt sie in hart und weich. B steht für die weichen, H für die harten Minen, mit aufsteigenden Nummerierungen für den Härte- beziehungsweise Weichheitsgrad.

Meistens benutzen wir das neutrale HB.

Wer nicht ständig anspitzen möchte, nimmt einen Druckbleistift. Zum Beispiel den Faber Castell Grip Plus. Den gibt es bis 1,4 Millimeter Dicke und der Radiergummi sitzt gleich hinten dran.

Radiergummis gibt es in allen Formen. Nützlich sind mitunter Knetradierer, die man für filigrane Radierarbeiten benutzen kann.

Auch Stiftradiergummis, die wie Druckbleistifte funktionieren, sind toll.

Und wer es schnell mag, nimmt einen elektrischen Radierer!

LINEAL FÜR GERADE LINIEN!

TIPP: EIN BAND, EIN PIN UND EIN BLEISTIFT ERGEBEN EINEN SELBSTGEMACHTEN ZIRKEL!

BZZZZZ...

Gerade für farbige Skizzen, die unterwegs entstehen, zum Beispiel im eigenen Skizzenbuch, kenne ich keine unkompliziertere und gleichzeitig vielfältigere Art zu kolorieren als mit Aquarellfarben. Je nach Auftrag sind sie zart oder kräftig leuchtend, man kann sie hervorragend mischen und sie trocknen schnell.

Kombiniert mit diesen beiden Pinselstiften hast du ein echtes Dreamteam für unterwegs dabei, das zudem auch noch in jede Hosentasche passt!

Pentel GFKP

Dieser Pinselstift ist wie ein Füller aufgebaut. In ihm steckt eine austauschbare Patrone mit wasserfester schwarzer Tinte – erlaubt einen tollen, intuitiven Strich.

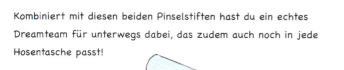

Pentel Aquash

Dieser Pinsel hat sein Wasserreservoir im Griff! Es gibt ihn in unterschiedlichen Stärken. Benutze ein Tuch zum Ausstreichen.

Miniaquarellkasten

Die kleinsten Aquarellkästen enthalten zwölf Farbnäpfe. Das reicht! Du solltest aber die Farben auf deine Bedürfnisse personalisieren, denn meist ist der enthaltene Farbsatz nicht ideal zusammengestellt. Achte deshalb darauf, dass du einen Kasten kaufst, zu dem du auch die passenden Farbnäpfe erhältst. Ich empfehle: Weiß – ein sehr dunkles Grau – ein kräftiges Gelb – Orange – ein kräftiges, nicht zu helles Rot – Ocker – ein dunkles Braun – Violett – ein helles und ein dunkles Blau – ein mittleres, kräftiges grün – eine blasses Rosa.

Wenn du magst, kannst du dieses Set mit Aquarellbuntstiften aufstocken. Sie verhalten sich wie normale Buntstifte – bis man sie nass macht!

Sie sind praktisch für großflächigeren Farbauftrag oder für Hintergründe.

Skizzenbücher gibt es in allen Größen, Qualitäten und Preisklassen.

Es müssen nicht die teuersten sein. Wichtig ist, dass das Papier fest genug ist, damit kräftige Marker oder Wasserfarbe nicht durchschlagen. Ansonsten zählt eigentlich nur eines: dabeihaben!

DIESE KLEINE ILLUSTRATION HABE ICH ALS SCHNAPPSCHUSSZEICHNER AUF EINER HOCHZEIT MIT DEM LINKS BESCHRIEBENEN SET GEZEICHNET. ÜBERS SCHNAPPSCHUSSZEICHNEN ERZÄHLE ICH DIR IN KAPITEL 8 NOCH MEHR.

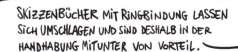

SKIZZENBÜCHER MIT RINGBINDUNG LASSEN SICH UMSCHLAGEN UND SIND DESHALB IN DER HANDHABUNG MITUNTER VON VORTEIL.

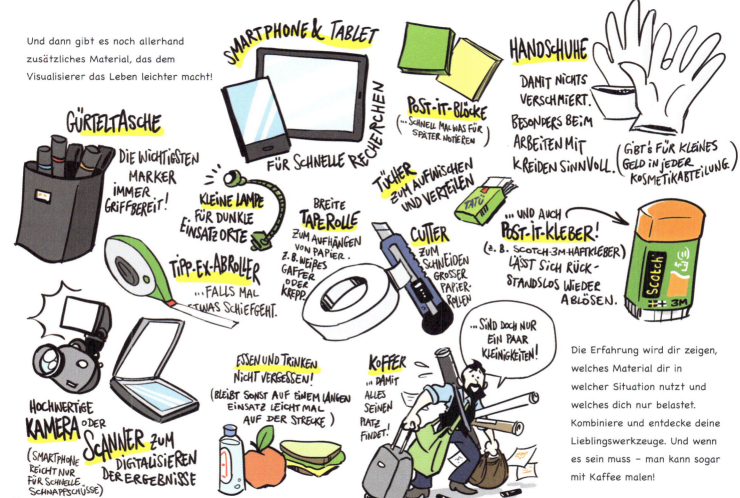

GEHT AUCH MIT EINGABESTIFT!

Eine tolle Möglichkeit zu visualisieren, liegt selbstverständlich im digitalen Bereich. Man muss nicht so viel Material mit sich herumschleppen und kann Inhalte sofort digital verschicken. Außerdem kann man sein Bild direkt über einen Beamer projizieren oder sogar über Onlinestream arbeiten.

Es gibt viele verschiedene Programme und Apps. Die meisten können die Zeichnungen stufenlos skalieren und nehmen die einzelnen Schritte auf, so dass nebenbei ein Film entsteht. Eine der besten Apps wurde von Holger Nils Pohl entwickelt: Work-Visual, eine Visualisierungsapp von einem Visualisierer! Leider ist sie bisher nur mit dem iPad kompatibel.

Ich arbeite vor allem auf dem Surface Pro von Microsoft, zum Beispiel in Sketchbook Pro. Ich schätze die Drucksensitivität des Eingabestifts bei diesem vollwertigen Laptop im Körper eines Tablets. Auch der Fakt, dass bei Benutzung des Zeichenstifts die Touchscreenfunktion automatisch deaktiviert ist, ist von großem Vorteil.

Teste dich durch verschiedene Trial-Versionen und entdecke die unterschiedlichen Vorteile verschiedener Apps und Programme.

Digitales Zeichnen macht Spaß!

Dennoch hat David Sibbet recht, wenn er sagt: »Don´t loose the Paper!«

Ich glaube, dass Hard- und Software noch nicht so weit sind, dass sie Papier völlig ersetzen können. Denn in einem Punkt ist Papier unschlagbar: Es ist auch *dann* noch da, wenn der Monitor ausgeschaltet ist!

» STORYTELLING IS ABOUT CONNECTING TO OTHER PEOPLE ... AND HELPING PEOPLE TO SEE WHAT YOU SEE! «

MICHAEL MARGOLIS

STORYTELLING

KAPITEL 6

In der ersten Hälfte des Buches hast du vor allem die technischen Mittel kennengelernt, um zu visualisieren.

Jetzt wollen wir einen Schritt weitergehen und über den Inhalt sprechen – über STORYTELLING!

Storytelling mag vielleicht etwas hochgegriffen klingen. Selbstverständlich kann man nicht bei jeder schnellen Skizze von einer Story sprechen. Wir müssen aber die Prinzipien des Storytellings verstehen, um mit unseren Bildern einen Effekt zu erzielen – für den Betrachter ebenso wie für uns.

Denn Bilder ohne Story sind nur leere Hülle und ohne Bedeutung.

Um zu verstehen, was ich mit Storytelling meine, ein kleines Beispiel:

Wie wir unser Leben erfahren, hat vor allem mit unserer Sichtweise zu tun.

ICH STÜRZE DURCH DIE ZEIT AUF DEN TOD ZU!

ICH SPRINGE VOLLER FREUDE INS LEBEN HINEIN!

Was passiert, ist dasselbe. Aber wie anders fühlt es sich an!

JOSEPH CAMPBELL beschreibt es so: »Das Leben hat aus sich heraus keinen Sinn. Aber wir können ihm einen Sinn geben, können ihm jeden Sinn zuschreiben, den wir möchten. Der tiefste Sinn aber ist, lebendig zu sein. Und genau hier setzt Storytelling an!«

JOSEPH CAMPBELL (1904-1987): PROFESSOR & AUTOR VON »DER HEROS IN 1000 GESTALTEN«, BESCHREIBT IN SEINER REZEPTION VON MYTHOLOGIE UND RELIGION DIE UNIVERSELLEN MUSTER ALLER GESCHICHTEN

Geschichten, also Deutungen und Interpretationen der sich wandelnden äußeren und inneren Zustände, gibt es seit der Entwicklung von Sprache und gab es vermutlich schon davor. In jedem Fall waren sie ein wichtiger Katalysator dafür, dass sich Sprache überhaupt entwickelt hat.

Sprache ermöglicht uns, unsere subjektive Erfahrung von Realität auszudrücken und mitzuteilen. Sie erlaubt es auch, die Realitäten unserer Mitmenschen erahnen zu können. Und vor allem: auf Basis von Sprache können wir aus diesen unterschiedlichen Erlebniswelten Versionen kreieren, die für beide Seiten gültig sind und in denen sich beide wiederfinden: Geschichten!

Nicht umsonst stehen Schöpfungs- und Heldensagen am Anfang jeder Kultur und jeder Entwicklung.

Bemerke: Selbsterkenntnis ist nie nur individualistisch und abgekoppelt von anderen. Sie fußt immer auf dem Gleichgewicht mit dem Äußeren und der Gemeinschaft.

So sorgten diese gemeinsamen Geschichten für den zweiten Punkt:

Zusammenhalt.

Richtig Dietrich! Ein Zusammenhalt von Individuen braucht verbindende Leitlinien, Vereinbarungen und Werte. Das Versammeln ums Feuer, das gemeinsame Erleben von Erzählungen, das Gefühl zu einer Gruppe zugehörig und von ihr gehalten zu sein – all das spricht uns auf tiefen Ebenen an. Aber auch über Stammeskulturen hinaus waren die Geschichten essenziell wichtig. Bestes Beispiel war die Theater- und Festkultur des antiken Griechenlands. Hier verbanden sich hellenische Völker, die ansonsten verfeindet waren, zu einer in großem Maße einheitlichen Kultur.

Zusammenhalt heißt in diesem Kontext aber auch immer Ausschluss von anderen Gruppierungen und die Bindung an eine gewisse Regionalität.

Schließlich ist die dritte Funktion von Geschichten LEGITIMATION.

Was heißt das? Nun, mit der verbindenden Wirkung von gemeinsamen Mythen konnten immer größere Gruppen gemeinschaftlich agieren. Das setzte allerdings auch eine immer konsequentere Führung mit stärkeren Machtbefugnissen voraus. Und diese brauchten Legitimation. Herrscher wurden zu Söhnen des Himmels oder der Sonne, waren Botschafter einer höheren Macht oder erfüllten alte Prophezeiungen. Auf diese Weise konnten komplexere Gesellschaftsformen entstehen und zivilisatorische Entwicklung nahm Fahrt auf.

Die Selbsterkenntnis des Einzelnen, die Entwicklung zum selbstverantwortlichen Schöpfer des eigenen Lebens war dabei aber immer stärker ein Störfaktor und wurde zunehmend aus den Geschichten verdrängt.

Laut Campbell fand diese Entwicklung im zweiten Weltkrieg ihren traurigen Höhepunkt. Seitdem setzt sich immer stärker die Erkenntnis durch, dass sich die Menschheit global begreifen muss.

Mythologien zu dieser Sichtweise existieren noch nicht, obwohl es bereits erste Schritte in diese Richtung gibt. *Cloud Atlas* von David Mitchell vermittelt ein Gefühl davon, wie die Geschichten aussehen könnten, die uns in die Zukunft begleiten.

Wichtig ist, dass wir auch weiterhin die Werte respektieren, die in den früheren Entwicklungsstufen der Menschheit angelegt sind. Aus ihnen ziehen wir Urvertrauen, Kraft und Mut und können zwischen richtig und falsch unterscheiden. Wir haben durch sie die Möglichkeit, Dinge sowohl rational als auch humanistisch zu beurteilen.

All dies in Einklang zu bringen, ist eine der großen Herausforderungen menschlichen Zusammenlebens. Und deine Visuals leisten dabei ihren Beitrag!

Wie schon eingangs gesagt, kann nicht jede Skizze eine vollständige Heldenreise abdecken. Aber wie in Kapitel 2 beschrieben, haben Bilder den großen Vorteil, der Schlüssel zu weitreichenderen Assoziationen zu sein. Und deshalb reicht mitunter eine einzelne Zeichnung aus, um alle Elemente des Storytellings anzusprechen.

1. SINNVOLLE ABSICHT
2. PROTAGONIST/HELD
3. KONFLIKT/SPANNUNG
4. EMOTIONEN
5. VIRALE KRAFT

Die PR- und Kommunikationsexpertin Petra Sammer fasst sie in fünf Punkten zusammen.

Lass mich das ein wenig ausführen:

1. SINNVOLLE ABSICHT

Was damit gemeint ist, beschreibt der Golden Circle von Simon Sinek am besten: »People don't buy what you do, they buy why you do it!« Erfolgreiche Kommunikation arbeitet vom Warum über das Wie zum Was. Man packt den Empfänger so bei seinen Emotionen, bei seiner rechten Hirnhälfte.

Das erfordert beim Sender ein Überprüfen seiner Intention!

2. PROTAGONIST/HELD

Der Held ist die Identifikationsfigur für den Betrachter. Er ist das Tor zur Story und transportiert das Warum. Wichtig ist, dass er den Empfänger widerspiegeln sollte. Moderne Markenkommunikation stellt nicht mehr das Produkt in den Mittelpunkt, sondern erzählt Geschichten um die Marke herum. Vergleichbar mit einem Kommunikationsnegativraum!

3. KONFLIKT/SPANNUNG

Hier geschieht die eigentliche Story: Der Held gerät in einen Konflikt, das Gleichgewicht ist gestört und er muss eine Transformation durchlaufen.

Der in der Heldenreise beschriebene Prozess gehört unter diesen Punkt.

4. EMOTIONEN

Das Wecken von Emotionen ist eine logische Folge der bereits aufgeführten Bausteine. Ist allerdings für Punkt 3 wenig Platz und Raum, kann man an dieser Stelle besonders stark ausgleichen. Habe den Mut dick aufzutragen!

5. VIRALE KRAFT

Geschichten werden dann stark, wenn sie wieder und wieder erzählt werden. Sorge dafür, dass viele mit deiner Visualisierung in Kontakt kommen. Umso größer wird ihre Wirkung sein!

Wenn man noch stärker verkürzen will, kann man Storytelling auf diese einfache Formel bringen:

Höre auf Metaphern und bildreiche Sprache. Achte auf die Storymatrix unterhalb des Gesagten. »Hear the Story through the trees«!

Geschichten wirken auf Teile unseres Hirns, die nicht rational sind. Sie sprechen die rechte Hirnhälfte an. Sie zielen auf die Faszination und die Angst vor dem Unbekannten, der Veränderung …

Wir erleben unser Leben in hohem Maße als Geschichte. Und die erzählen wir auch.

Genau! Und exakt diese Bereiche sprechen auch Bilder an.

Auch Verkürzungen, Vereinfachungen und Redensarten sind hilfreich. Erinnerst du dich an mein wissenschaftlich nicht korrektes Hemisphärenmodell aus Kapitel 1? Es ist nicht ganz richtig, aber es funktioniert!

Gib deinen Figuren etwas zum Spielen. Ein Charakter wird sein Storypotenzial erst entfalten, wenn es ein Gegenüber hat.

Überhaupt sind Objekte wichtig. Felix Scheinberger drückt es so aus: »Gegenstände sind ohne den Menschen gar nicht vorstellbar. Deshalb ergibt sich aus der Darstellung des Gegenstandes immer auch ein Bezug auf einen Menschen. Das bedeutet, dass wir mit ihnen Geschichten erzählen können.«

Spiele Emotionen. Fühle sie nach! Das wird dir helfen, dich auf die Storyebene deiner Zeichnungen einzustellen.

Wenn du im Zusammenspiel mit anderen visualisierst, mache dich zu ihrem Werkzeug. Sie werden dir ihre Geschichten erzählen! Sei dabei immer bereit, ein Symbol für ein besseres fallen zu lassen. Der Mantel der Geschichte ist nicht so wichtig wie ihre Botschaft und Emotion!

» JEDER GESTALTUNG WOHNT EINE INNERE GEWICHTUNG INNE ... JE NACHDEM WAS SIE BEZWECKEN WOLLEN. SETZEN SIE DIESE TECHNIK DAHER BEWUSST EIN UND ARRANGIEREN SIE NACH IHREM WILLEN! «

Felix Scheinberger

KOMPOSITION

KAPITEL 7

Nachdem wir uns im letzten Abschnitt mit dem Inhalt beschäftigt haben, wenden wir uns nun der anderen Seite der Medaille zu: der Form. Wenn Story Botschaft, Bewegung und Emotion ist, dann ist Komposition der Behälter, ist Zeit und Raum, in dem die Geschichte eingerahmt ist.

VORHANG AUF ZUM NÄCHSTEN KAPITEL!

Mit der Inszenierung einer Thematik wird für ein gedanklich-emotionales Konstrukt aus der Fülle der möglichen Darstellungsweisen EINE gewählt ... und alles andere wird verworfen. Auf diese Art und Weise verliert man zwar viele Facetten der Wirklichkeit, macht aber gleichzeitig das Gezeigte fassbar und ermöglicht ein gemeinsames Verständnis sowie Austausch.

WAS FÜR TYPEN SEID IHR EIGENTLICH?

Es ist also nicht nur wichtig, die richtige Geschichte zu erzählen, auch die Darreichungsform ist entscheidend. Sir Arthur Conan Doyles Sherlock Holmes wurde beispielsweise schon viele tausend Male in andere Medien adaptiert ... mit höchst unterschiedlichem Erfolg!

NUN, WIR DREHEN WEDER EINEN FILM, NOCH INSZENIEREN WIR EIN THEATERSTÜCK. ABER SO WIE MAN DIE GRUNDPRINZIPIEN DER WIRKUNGSWEISE VON GESCHICHTEN KENNEN SOLLTE, IST ES AUCH SINNVOLL, DIE ESSENZ VON BILD-KOMPOSITION IM KOPF ZU HABEN!

Und das gilt nicht nur für Bildgestaltung! In einem Gespräch am Rande einer Veranstaltung zu Inklusion und Lerninnovationen beschrieb mir einmal eine Gebärdendolmetscherin mit den Worten »Ich mache das eigentlich genauso wie du auf dem Papier«, wie sie verständlich übersetzt.

Genau so ist es auch bei Bildern!

Deine Figuren und Symbole sind die Schauspieler und Requisiten. Die Texte, Farben und Schattensetzungen sind Licht, Technik und Bühnenbild.

Der Content, die Botschaft, der Anlass ist das Drehbuch.

Als erstes stelle ich dir vier Grundmuster vor, nach denen du dein Papiertheater aufbauen kannst. Es gibt hier kein Richtig oder Falsch. Du wirst herausfinden, in welcher Struktur du dich am wohlsten fühlst und welche dem Anlass am stärksten entspricht.

Das Gitternetz ist ein klares Gestaltungsraster, das sehr ordnend wirkt. Einzelne Aspekte können herausgestellt oder isoliert werden. Dafür fällt es etwas schwer, Verbindungen zwischen unterschiedlichen Bereichen herzustellen.

Um einen starken, verbindenden Zentral- oder Hauptaspekt herum werden trabantenartig Unteraspekte oder Facetten desselben dargestellt.

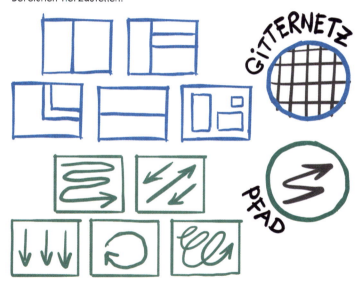

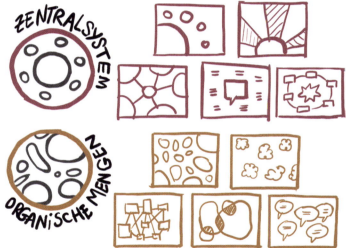

Hier stellen wir einen oder mehrere lineare Prozesse in Zeit oder Raum dar. Sind es kausale Entwicklungen oder kreis- beziehungsweise spiralförmige Zyklen?

Dies ist das Gegenteil des Gitternetzes. Verschiedene Aspekte, frei auf der Fläche verteilt, können untereinander Bezüge, Schnittmengen und Verbindungen eingehen. Hoch vernetzt – aber auch am verwirrendsten.

Wenn du dich für ein Grundmuster entschieden hast, kannst du beginnen, die Bildinhalte zu arrangieren. Möchtest du eher grafisch und abstrakt bleiben, Muster, Formen und Diagramme verwenden?

Oder willst du lieber in eine konkrete und symbolisierende Darstellung gehen? Beides ist möglich und selbstverständlich kombinierbar. Die zeichnerischen Grundlagen hast du ja in den ersten Kapiteln kennengelernt.

Es folgen einige nützliche Tools, mit denen dir das nachvollziehbare Arrangieren leichter von der Hand gehen wird.

Der Goldene Schnitt

Sehr vereinfacht dargestellt, bezeichnet der Goldene Schnitt den Punkt einer Fläche, an dem sich die Linien treffen, die ein Drittel der Höhe und der Breite beschreiben.

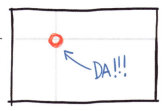

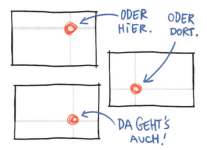

Unser Auge sucht diesen Punkt bevorzugt auf – denn dies ist das Bauprinzip der Natur. Darum ist es sinnvoll, wichtige Inhalte dort zu positionieren.

Du kannst auch mehrere solcher Punkte auf einem Bild nutzen – und sie zum Beispiel farblich gewichten.

Die Entfernung zum Objekt, quasi die Kameraeinstellung, unterstützt die Bedeutung. Dies sind die klassischen fünf Bildausschnitte:

 Panorama/Extreme long Shot

 Totale/Long Shot

 Amerikanische (stammt aus Westernfilmen – es ist gerade noch der Pistolenhalfter sichtbar.)

 Nah/Medium Shot

 Close-Up

Schau dir einmal einen alten Western an. Dort wirst du all diese Perspektiven wiederfinden!

Kombiniere Goldenen Schnitt und Kameraperspektive, um Bilder fesselnder zu gestalten.

 SIEHT ZIEMLICH NICHTSSAGEND AUS...

HEY! DAS IST DOCH GLEICH WAS GANZ ANDERES! DABEI SIND ES DIESELBEN BILDINHALTE.

OBJEKTE NICHT NEBENEINANDER SONDERN HINTEREINANDER ZU STAFFELN, SPART PLATZ, ZEIT UND WIRKT INTERESSANT!

DRAMATISCHER SCHATTEN UND EIN TIEFER HORIZONT ZIEHEN DIE BLICKE AN!

Achtung! Manchmal brauchen extreme Positionierungen ein Gegengewicht, sonst kippt das Bild zu sehr in eine Richtung.

HOPPLA!

AH, SCHON BESSER!

Die Renaissance haben wir ja nun schon häufiger gestreift. In Gemälden dieser Epoche kann man sehr gut erkennen, wie eine klare Blickführung auch auf vollen Leinwänden funktioniert. Häufig sind in der Gestaltung zirkuläre oder dreieckige Gestaltungsraster angelegt. Bezugspunkte überspannen teilweise das gesamte Bild. Wenn du dir die Grundstruktur deines Bildes bewusst machst und es entsprechend farbig unterstützt anlegst, wird dir der Betrachter folgen können – auch wenn dein Bild vielleicht etwas wuselig aussehen sollte.

Wenn du visuell unterstützt präsentierst, gehört selbstverständlich auch das gesprochene Wort zu deiner Gesamtkomposition. Nicht alle Bilder müssen ohne Erläuterungen verständlich sein! Visuelle Methoden leben vom Austausch und davon, dass die Betrachter ins Entstehen eingebunden sind!

Nicht jedes Bild musst du neu erfinden. Es gibt viele bewährte Layouts. Lass dich auch von anderen Visualisierern inspirieren und forsche im Internet.
Für kleines Geld im Netz verfügbar sind beispielsweise die sehr guten Templates von *The Grove*.

Und hier noch ein paar Beispiele. Was fällt dir noch ein? Der Fantasie sind keine Grenzen gesetzt!

Lege dir eine kleine Skizze an, bevor du ans Werk gehst. So bekommst du Gefühl für die Gesamtwirkung des Bildes. Auch Farbkombinationen kannst du hier schon ausprobieren.

Nutze ordnende Elemente und Container. Aber auch Pfeile und Linien, um Verbindungen zu schaffen. Wir haben über diese Elemente ja bereits in Kapitel 3 gesprochen.

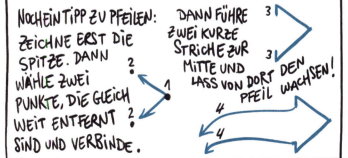

Benutze Sticker und bewegliche Elemente. So kannst du Elemente deines Bildes schon im Vorfeld vorbereiten. Besonders bei visuellen Präsentationen und Moderationen kann das sehr nützlich sein.

Vergiss nicht, Platz zu lassen für eine Headline, Logos, Datum und Ort ...

Zerlege Zeitschriften und Printanzeigen in ihr Gestaltungsraster. Das ist eine gute Übung, Layout zu verstehen und du wirst dir eine Menge abgucken können!

Was passiert denn hier?

Wenn du auch der Meinung bist, dass hier gleich ein Raubüberfall stattfindet, bist du in bester Gesellschaft. Es würde wohl jeder diese Szene so interpretieren. Gezeichnet habe ich das aber nicht. Vielleicht sind das ja zwei Bekannte, die zum Brunch verabredet sind und einer von beiden hat noch rasch ein Baguette besorgt?

Der Betrachter eines solchen Bildes wird gezwungen, die Geschichte in seinem Kopf zu beenden und wird so zum Mittäter. Das bindet ihn an deine Visualisierungen!

Ich nenne es die *Kunst des Weglassens*.

Keine Angst vor Diagrammen!

Es ist vollkommen in Ordnung, Diagramme einzubauen. Wir sind sie in langweiligen Settings gewöhnt, dabei können sie sogar witzig sein!

Du kannst das klassische Tortendiagramm auch anders gestalten. Zeichne doch einfach eine Torte! Oder einen Burger. Oder …

Unser wichtigster Verbündeter bei der Gestaltung ist jedoch schon vor dem ersten Strich vorhanden. Es ist der Raum, die leere Fläche, das weiße Papier.

Wir sehen Licht, zeichnen aber den Schatten. Deshalb ist das nicht Ausgefüllte ebenso wichtig wie die eingefärbte Fläche!

Das ist das grundlegende Gestaltungsprinzip japanischer Tuschemalerei.

Die Fläche ist kein Nichts, sie gehört zur Gestaltung dazu.

Der Raum ist das eigentlich ordnungs- und beziehungsstiftende Element. Ohne ihn gibt es keine Gestaltung – dann wäre alles wie *Kunst aufräumen*.

»Es gibt kein Problem, dem man nicht mit einem Bild helfen könnte.«

Dan Roam

ANWENDUNGSGEBIETE

KAPITEL 8

»… es ist doch schon im Faust von den zwei Seelen in einer Brust die Rede.

In uns diskutieren ständig gegensätzliche Positionen. Oder es befruchten sich unterschiedliche Kompetenzen!

Du sagst doch immer, dass Visualisieren als Metafähigkeit eine geschärfte Wahrnehmung herausbildet. Wenn du mit dir selbst in Dialog trittst, trainierst du zusätzlich die Kompetenz, in einer Situation beobachtenden Abstand halten zu können. Und das ist wichtig!

Als Visualisierer, und vor allem als Visual Facilitator, ist Zeichnen nur eine der benötigten Fähigkeiten. Man braucht auch Einfühlungsvermögen, muss Muster und Strukturen erkennen können, man filtert und gewichtet. Außerdem ist eine hohe Allgemeinbildung ebenso Voraussetzung wie eine schnelle Auffassungsgabe.

Vor allem aber muss man darauf achten, nicht die eigenen Beurteilungen in den Vordergrund zu stellen. Man ist ein Kanal, durch den sich in einer Situation multiple Sichtweisen zeigen.

Deshalb bewegst du dich immer auf dieser Achse. Selbst wenn dein Gegenüber du selbst bist!«

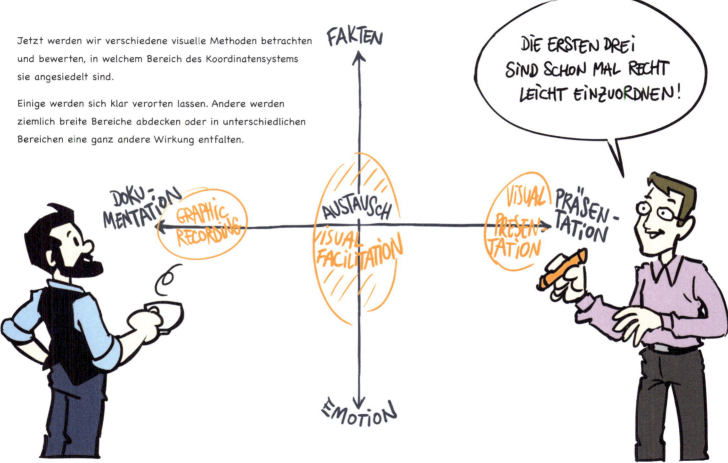

Graphic Recording

Graphic Recording ist das Erfassen der Inhalte eines Sprechers oder einer Gruppe mit der Absicht, gemeinsames Verständnis, Einsichten und Lernen zu ermöglichen – als großes Wandbild oder digital. Der Graphic Recorder hat dabei eine stille, passive Rolle und visualisiert eine Konferenz oder ein Meeting in der Regel live in Echtzeit auf inhaltlicher Ebene. Das Ergebnis ist ein visuelles Protokoll, eine weiterverwendbare Dokumentation für Teilnehmer und Publikum. Allerdings sind Graphic Recordings häufig nicht selbsterklärend. Sie erschließen sich in vollem Umfang nur denjenigen, die bei der Entstehung vor Ort waren. Sie sind aber eine ideale Moderationshilfe, um Inhalte weiterzuvermitteln.

Visual Facilitation

Visual oder Graphic Facilitation ist das prozessorientierte interaktive Aufzeichnen einer Konversation oder eines Gruppenprozesses mittels Visualisierung in Bild, Text, Symbolen, Metaphern, um die Teilnehmer dabei zu unterstützen, ihre Kernaussagen, Ideen, Muster und Einsichten wahrzunehmen. Es ist ein interaktives Arbeiten mit der Gruppe, um diese anleitend zu führen und dabei zu dokumentieren, was sich im Raum zeigt. Die dabei visuell festgehaltenen Ergebnisse fließen direkt wieder in die Gruppenintelligenz ein.

Der Facilitator ist aber kein Teil der Gruppe und hat keine eigenen Interessen im Prozess. Er bietet nur den Rahmen und Anstöße, um die Gruppenpotenziale erblühen zu lassen.

Visual Presentation

Ein Vortrag oder eine Präsentation wird mit Visuals angereichert oder unterstützt. Das kann mit vorbereiteten Charts geschehen oder live beim Sprechen erfolgen, auf Papier oder digital ausgeführt werden, von einer oder mehreren Personen durchgeführt werden.

Wichtig ist, dass Wort und Bild sich nicht einfach doppeln, sondern auf parallelen Ebenen auf dasselbe Kommunikationsziel hinarbeiten.

Chartgestaltung

Zahlen, Mengenverhältnisse oder ein datengestützter Verlauf sollen dargestellt werden? Der Kompetenzbereich eines Teams soll klar umrissen und verständlich gemacht werden? Zusammenhänge zwischen Abteilungen sollen schnell nachvollziehbar sein? Die Agenda eines Seminartages soll einladend wirken?

Auf großen Papierbögen lassen sich viele Inhalte treffend und ansprechend darstellen. Und der große Vorteil gegenüber PowerPoint ist, dass alle Inhalte auf einen Blick sichtbar sind und zwar auch dann, wenn der Bildschirm aus ist!

Prozessbilder

Das Urgestein der Prozessvisualisierung, Reinhard Kuchenmüller, hat bereits in den frühen Neunzigern eine Methode entwickelt, bei der er in Meetings und Seminaren prägnante Kernmomente und -sätze festhält und mit einem Bild ergänzt. Grundsätzlich dem Graphic Recording sehr ähnlich besticht dieser Ansatz dadurch, dass nicht ein großes Wandbild, sondern viele kleine Einzelbilder im Format DIN A5 entstehen. Hierbei legt Küchenmüller einen Schwerpunkt auch auf emotionale Aspekte.

Key Visuals und interne Bildsprache

Wenn bei einem Projekt, einem Konflikt, einer Herausforderung oder einer Veranstaltungsreihe die Zielsetzung mit einem Bild oder Symbol verbunden wird, hilft das, den Fokus nicht zu verlieren und auch im Team gleich ausgerichtet zu sein.

Überhaupt ist es sehr nützlich, eine interne Symbolsprache zu entwickeln. So kann Kommunikation vereinfacht werden und Zuordnung gelingt schneller und treffender.

Sketchnotes

Sketchnotes sind Graphic Recordings sehr ähnlich. Der Unterschied ist, dass man sie nur für sich selbst anfertigt, üblicherweise auf kleineren Formaten und nicht öffentlich sichtbar. Es sind persönliche Notizen einer Situation oder eines Vortrags. Sie stellen dabei keinen Anspruch auf Vollständigkeit. Was dem Sketchnoter wichtig erscheint, wird festgehalten, der Rest taucht nicht auf. Eine exzellente Form des aktiven Zuhörens, eine gute Erinnerungshilfe und ein Schlüssel zu tieferen Verständnisebenen.

Gedankenskizzen

Gedankenskizzen sind meist sehr einfache Visualisierungen, die buchstäblich beim Sich-Gedanken-Machen entstehen: Aufkommende Ideen und schwer in Worte zu fassende Ansätze werden mit Symbolen oder wenigen Strichen festgehalten und geben unmittelbar einen weiterführenden Impuls für darauf aufbauende Gedanken. Sie verbinden verschiedene Ansätze miteinander und helfen, das eigene Verständnis zu verifizieren.

Funktioniert allein oder im Dialog!

Kreativmethoden

Statt Brainstorming ... Picturestorming! Viele bewährte Kreativmethoden lassen sich wunderbar mit Visualisierung verbinden.

Zum Beispiel die 6-3-5-Methode: Sechs Teilnehmer zeichnen oder schreiben in fünf Minuten zu einer Fragestellung je drei Ideen auf einen vorbereiteten Zettel (drei Spalten mit je sechs Kästen). Diese werden dann an den Nachbarn weitergereicht und die zweite Phase beginnt. Nun trägt wiederum jeder drei Ideen ein – inspiriert durch die bereits auf dem Zettel stehenden Lösungsansätze. So entstehen in 30 Minuten 108 Ideen!

Welche Kreativmethode nutzt du am häufigsten? Nutze beim nächsten Mal auch Visualisierungen!

Bildwelten

Eine neue Strategie will entwickelt und dem Team erklärt werden? Eine veränderte Marktsituation macht eine Wertediskussion nötig? Einer großen Anzahl neuer Mitarbeiter soll die Unternehmenskultur verständlich gemacht werden?

Wenn die Themen komplex und emotional, langfristig angelegt, aber in vielen Punkten noch nicht konkret sind, ist es sinnvoll, mit Bildwelten zu arbeiten.

Für die zu bearbeitenden Themen wird eine starke Metapher gefunden, eine Wanderung beispielsweise. Während die Details des Projekts nun innerhalb dieser Metapher diskutiert, angepasst und geschärft werden, wächst eine Landschaft heran, die am Ende alle Aspekte der Thematik abdeckt und mit der sich alle Teilnehmer hochgradig verbunden fühlen.

Dabei steht der Prozess immer im Vordergrund. Wenn eine Bildidee nicht passt, hält man nicht an ihr fest! Das Bild ist immer funktional und niemals Selbstzweck.

Lernlandkarten

Lernlandkarten sind die Steigerung von Bildwelten. In hochkomplexen Wimmelbildern werden zum Beispiel alle Prozesse, Verbindungen und Positionen einer Firma dargestellt.

Oder ein bevorstehender Prozess wird als Insellandschaft bespielbar gemacht.

Lernlandkarten brauchen viel Zeit und Aufmerksamkeit in der Erstellung. Dafür sind sie auch ein machtvolles Tool, mit dem mitunter viele Jahre gearbeitet werden kann.

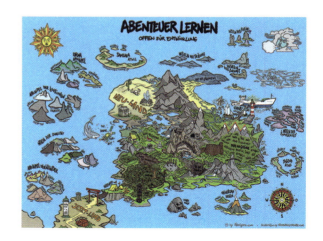

Dialogmaterial

Zu Lernlandkarten kann nach Bedarf umfangreiches Zusatzmaterial erstellt werden. So können bestimmte Aspekte des Bildes hervorgehoben, Vorher-nachher-Situationen simuliert oder Prozesse verdeutlicht werden.

Vielleicht spielen Mitarbeiter mit Spielgeld Investitionsszenarios durch?

Oder typische Konfliktpotenziale werden auf bestimmte Stellen des Bildes gelegt und müssen kreativ aufgelöst werden.

So wird ein Bild vielseitig verwendbar und auch auf unterschiedliche Stakeholder hin anpassbar gemacht.

Workshop Training

Der Einsatz von Lernlandkarten und zusätzlichem Dialogmaterial sollte in Train-the-Trainer-Workshops sauber vorbereitet werden.

Überhaupt können in internen Workshops oder Trainings Visualisierungen vielfältige Anwendung finden.

Und auch das Weitergeben von Visualisierungsfähigkeiten ist wichtig.

Um gemeinsam auch auf bildlicher Ebene zusammenzuarbeiten, ist es nützlich, erworbene Skills zu teilen. Warum nicht also Zeichentraining selbst zum Inhalt eines Workshops machen?

Visual Facilitators bietet regelmäßig offene Trainings an. Informiere dich unter *www.visualisierung.training*.

Erklärfilme

Erklärfilme sind sehr beliebt, haben aber eine besondere Stellung innerhalb visueller Methoden. Denn diese leben vor allem von drei Dingen: Unmittelbarkeit, Glaubhaftigkeit und Handarbeit.

Diejenigen Visualisierungen, von denen bisher die Rede war, entstehen vor den Augen und häufig unter Anteilnahme des Betrachters. Der Visualisierer ist vor Ort, ist greifbar und steht für sein Bild ein. Und das handwerkliche Ausführen des Zeichenvorgangs emotionalisiert und bindet den Betrachter. Erklärfilme erfüllen diese Kriterien nicht. Aber sie imitieren sie. Deshalb sehen viele Erklärfilme so aus: Während ein Text gesprochen wird, entsteht das Bild in dem Moment (Unmittelbarkeit). Der Adressat wird direkt angesprochen und umfassend ins Thema geholt (Glaubhaftigkeit). Der Film spielt mit offenen Karten, meist ist eine Hand oder Ähnliches im Bild (Handarbeit).

Ein guter Erklärfilm kann so einen ganz ähnlichen Effekt erzielen wie eine Live-Visualisierung, hat aber den Vorteil, dass die Message sehr gezielt geplant werden kann und bei guter Verbreitung extrem viele Leute den Film sehen.

In der Entwicklungsphase hat ein Erklärfilm zudem einen themenfokussierenden Effekt auf den Absender.

Eine interessante Methode ist, Erklärfilmclips bei Live-Speeches abzuspielen, und PowerPoint durch Bewegtbild zu ersetzen. Dazu ist eine sorgfältige Vorarbeit nötig, aber der positive Effekt von Unmittelbarkeit ist enorm!

Visual Comments

Während eines Vortrags wird visualisiert – ganz ähnlich wie bei einem Graphic Recording. Bei diesem kann der Betrachter die Details allerdings erst hinterher betrachten. Beim Visual Commenting werden die Visualisierungen für alle Beteiligten sichtbar projiziert – zum Beispiel über eine Dokumentenkamera.

Der Visualisierer steuert dabei die Lesegeschwindigkeit der Betrachter, indem er Zeichnungen schnell oder langsamer ausführt, die Reihenfolge der Entstehung festlegt, Bilder aus dem Kamerabereich entfernt oder sie noch einmal zeigt.

So ist ein Dialog ohne Worte mit dem Publikum möglich und eine parallele Bedeutungsebene wird dem Vortrag hinzugefügt!

Schnappschusszeichnen

Schnappschusszeichnen fällt am ehesten in den Bereich der Event-Illustration: Ein Visualisierer bewegt sich mit leichtem Material ausgestattet auf einer Veranstaltung und hält Momente fest wie ein Fotograf – allerdings in Form von kleinen Scribbles. Was auf Fotos peinlich wirken würde, wird hier charmant. Längere Momente können in einem Bild zusammengefasst werden. Wichtige Sätze werden direkt neben die Abbildung geschrieben. So entstehen einzigartige Erinnerungen. Eignet sich gut auf Messen, Hochzeiten, Jubiläen, Awards …

Visual Coaching

Die Aufgabe eines Coachs ist es, seinen Klienten bei dessen Entwicklung zu unterstützen, indem er Impulse gibt, um Ziele zu definieren, Blockaden aufzulösen, Beliefs zu hinterfragen, Entscheidungen zu treffen und Veränderungen zu manifestieren.

Wenn dabei die Emotionen und Gedanken des Coachees über Bilder greifbar und für ihn selbst bewertbar werden, unterstützt das sämtliche Prozesse enorm.

Embodiment-Feedback

Bestandteil eines Coachings kann das Embodiment-Feedback sein. Hier werden in reduzierter Weise die Körpersprache, unterschwellige Signale oder Energieverhältnisse im Körper festgehalten und spiegeln so in behutsamer, aber pointierter Weise die gecoachte Person. Bedarf eines hohen Maßes an Einfühlungsvermögen, ist dafür aber auch sehr kraftvoll.

Activity Walls

Hier wird das Publikum zum Mitmachen eingeladen! Aufwendig gestaltete Kreativitätsbereiche laden ein zum Selbstscribbeln, Fotos machen, Kommentare abgeben und vielem mehr.

Zum Beispiel kann auf einem Firmenjubiläum ein Visualisierer live die Firmengeschichte zu Papier bringen – auf Basis von persönlichen Anekdoten der Teilnehmer.

Oder hier wird eine vorher gestellte Hausaufgabe eingesammelt und zu einer Ideensammlung zusammengetragen.

Oder Konferenzteilnehmer stellen sich hier vor.

In jedem Fall sind Activity Walls stets hochgradig personalisiert, einbindend ... und dekorativ!

3-D-Modelle/Cutouts

Visualisierungen in die dritte Dimension bringen! Aus festem Material, zum Beispiel mit Papier kaschierten Schaumplatten werden Objekte oder Aufsteller im Raum verteilt, die kommunikative oder informierende Aufgaben übernehmen. Vielleicht werden die Teilnehmer am Eingang von einer großen, dreidimensionalen Visualisierung begrüßt? Oder am Ende eines Workshops bekommt jeder Teilnehmer sein Symbol zum Anfassen mit nach Hause? Oder ein stummer Diener hält ein Schild, auf dem Feedback abgegeben werden kann? Die Visualisierungen erobern den Raum!

Des Weiteren unterstützen visuelle Methoden unterschiedlichste Formate, Projekte und Prozesse wie zum Beispiel:

Und auch im privaten Rahmen ist visuelles Arbeiten nützlich!

Bei der Planung zum nächsten Familienurlaub etwa. Beim ausdiskutieren innerfamiliärer Konflikte. Oder bei der Gestaltung von Putzplänen, Einkaufszetteln oder To-do-Listen.

Und wie wäre es, den Verlauf eines Schuljahrs und seiner Inhalte konsequent visuell zu begleiten und zu kartografieren?

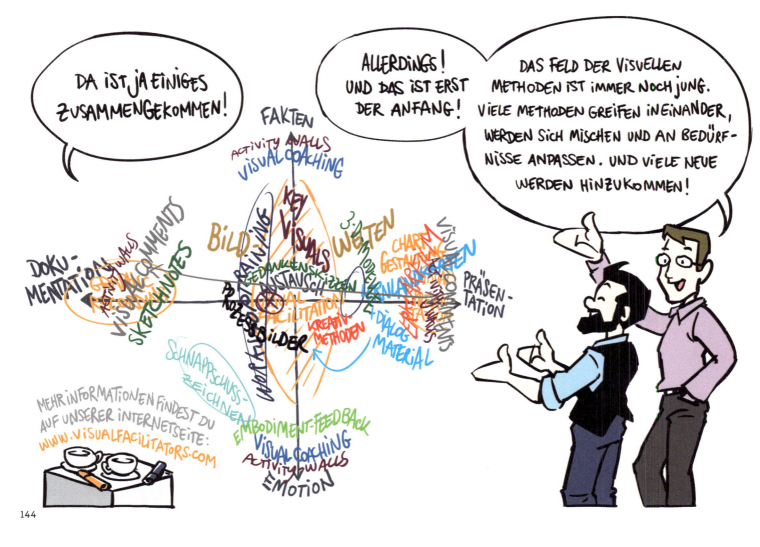

Unser Koordinatensystem ist also keineswegs ein statisches Modell, sondern nur der Versuch einer aktuellen Bestandsaufnahme.

Wie auch immer sich das Feld weiterentwickeln wird, alle Methoden versammeln sich letztlich um ein Feuer, in dem Verständnis, Verbindungen, Partizipation Kreativität und Herausforderungen brennen.

3-D-MODELLE / CUTOUTS
SKETCHNOTES
GEDANKENSKIZZEN
KEY VISUALS & INTERNE BILDSPRACHE
KREATIVMETHODEN
BILDWELTEN
LERN-LANDKARTEN
DIALOGMATERIAL
WORKSHOP TRAINING
SCHNAPPSCHUSSZEICHNEN
ACTIVITY-WALLS
EMBODIMENT-FEEDBACK
VISUAL COACHING
VISUAL COMMENTS
ERKLÄRFILME
PROZESSBILDER
CHARTGESTALTUNG
GRAPHIC RECORDING
VISUAL FACILITATION
VISUAL PRESENTATION

Gemeinsam halten wir das Feuer in Gang – und gemeinsam wärmen wir uns daran. Denn eines ist sicher: In Zukunft ist Sichtbarmachen eine Grundfähigkeit in Kommunikation und Führung!

»THE MORE YOU PRACTICE, THE LUCKIER YOU GET!«

GARY PLAYER

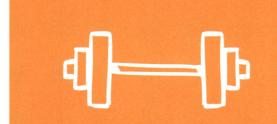

KAPITEL 9

TRAINING

Hast du das Einleitungszitat zu diesem Kapitel gelesen? Als man den erfolgreichen Golfprofi Gary Player in einem Interview nach seinem Erfolgsrezept fragte, war seine Antwort, er habe einfach immer unglaublich viel Glück gehabt. Dem Journalisten war aber bekannt, wie ungewöhnlich hart Player trainierte. Mit diesem Umstand konfrontiert, erwiderte er: »Ja, das ist seltsam – je mehr ich übe, desto mehr Glück habe ich!«

Diese kleine Geschichte ist zum einen ein Beweis für funktionierendes Storytelling (wie in Kapitel 6 beschrieben), denn das Zitat wird einem guten Dutzend Golfspielern zugeschrieben und ist als sich wandelndes geflügeltes Wort schon mehrere hundert Jahre alt.

Nun, das ist leicht gesagt, aber wohl jeder Mensch weiß, dass beim Erlernen einer neuen Tätigkeit das regelmäßige Üben die größte Hürde ist.

»WENN ES SPASS MACHT, IST ES KEINE ARBEIT MEHR!«

DR. BERND MICHAEL LINKE

Wichtigste Motivatoren sind Spaß, Neugier und Begeisterung! Sind wir von einer Tätigkeit begeistert, macht sie uns also Spaß, fällt es uns leicht, sie häufig auszuüben. Übt man häufig, wird man auch zwangsläufig besser!

Misserfolge, Anfangsschwierigkeiten und zu hoch gesteckte Erwartungen dämmen jedoch die Begeisterung schnell ein. Dass dies ein völlig regulär auftretendes Phänomen ist, hilft dabei auch nicht weiter.

Mit Selbstdisziplin können und sollten wir selbstverständlich kleinere Durststrecken überwinden, aber sie kann den Spaß auf Dauer nicht ersetzen.

MAN DARF SELBSTDISZIPLIN NICHT MIT DISZIPLINIERUNG VERWECHSELN: TÄTIGKEITEN, DIE CEREBRAL ÜBERWIEGEND MIT BELOHNUNG ODER BESTRAFUNG VERKNÜPFT SIND, SIND UNS UNANGENEHMER ALS SOLCHE, DIE WIR MIT FREUDVOLLER LEICHTIGKEIT VERKNÜPFEN!

Was wir brauchen, sind viele kurze Wiederholungen in entspanntem, angenehmem Rahmen. Quasi nebenbei – und mit kaum einer Tätigkeit ist das so leicht möglich wie mit Visualisieren!

Deshalb habe ich dir hier eine Sammlung an Vorschlägen für einen persönlichen Übungsplan zusammengestellt, den du nach eigenem Geschmack anpassen und erweitern kannst.

Inspiriert wurde ich dabei durch Michael Nobbs' *75 ways to draw more*, ein sehr gutes kleines Handbuch, das hilft, die eigene Gewohnheit, regelmäßig zu visualisieren, zu kultivieren.

Einige seiner Tipps sind genau wie meine und der erste ist ganz klar:

Habe immer ein Skizzenbuch dabei!

Wie nützlich es ist, immer ein Büchlein und einen Stift bei sich zu führen, habe ich in diesem Buch schon häufiger erwähnt – und kann es gar nicht oft genug wiederholen.

Welches Buch und welche Stifte, das ist deine Entscheidung. Aber führe sie bei dir!

So kannst du jede freie Minute für eine kleine Skizze nutzen! Wie häufig zückst du dein Smartphone für einen raschen Informationshappen oder einen kurzen Nachrichtencheck? Wenn du nur jedes zehnte Mal stattdessen dein Skizzenbuch für eine 30-Sekunden-Skizze herausziehst, bist du schon mitten im Trainingsplan!

Mein zweiter ganz grundlegender Hinweis:

Klau was das Zeug hält!

Natürlich geht es nicht darum, fremdes geistiges Eigentum als eigene Kreation zu verkaufen. Ich meine, dass du dich keiner Inspiration und keiner Anregung verschließen solltest.

Lies inspirierende Bücher und Websites.

Das tust du ja bereits!

Ich habe in der Literaturliste am Ende des Buches weitere beflügelnde Publikationen aufgeführt, und du findest durch Stöbern sicher schnell vieles andere.

Auch im Internet nach Bildern zu suchen, ist fantastisch. Gib einfach auf Google in der Bildersuche einen Begriff ein und lass dich überraschen, was du dazu alles finden wirst. Trainiere aber auch, Gemeinsamkeiten und Regelmäßigkeiten von bildlichen Darstellungen zu finden.

Mustererkennung ist eine grundlegende Eigenschaft, die ein Visualisierer entwickeln sollte!

Comics und Graphic Novels zu lesen, ist natürlich ein Muss!

Es gibt auch fantastische Sachcomics, die wahre Fundgruben für Bildideen sind, zum Beispiel *Economix* von Michael Goodwin und Dan E. Burr.

Überhaupt: das Internet! Es gibt zahllose Visualisierer und Illustratoren, die ihre Werke auf Websites und Blogs veröffentlichen – und üblicherweise findet man dort zahlreiche weiterführende Links. Viel Spaß beim Surfen!

Ein guter Anfangspunkt ist zum Beispiel die Facebookgruppe Graphic Facilitation mit über 3.000 Mitgliedern und täglich neuen Bildbeispielen.

WWW.FACEBOOK.COM/GROUPS/2708716559/

Spannend ist auch die Zeichnersuche auf der Seite der Illustratoren Organisation e. V. www.io-home.de. Und auf www.deviantart.com findest du neben großartigem Artwork auch zahlreiche Tutorials.

Wer loslegen will, schreckt häufig vor dem leeren Papier oder dem neuen Skizzenbuch zurück.

Da kannst du allerdings leicht Abhilfe schaffen:

"... IST DAS BLATT ERST RUINIERT, ZEICHNET'S SICH GANZ UNGENIERT!"

- Hilf deiner rechten Hirnhälfte, die Führung zu übernehmen. Schließ dazu für etwa eine Minute die Augen und achte nur auf deinen Atem. Lass dich nicht von Gedanken entführen, sondern kehre zum Atem zurück. Dann öffne die Augen und achte nur auf eine Farbe, zum Beispiel Rot. Achtung! Nicht auf bestimmte Objekte achten (linke Hirnhälfte) sondern nur auf die Farbe! Dann halte schnell eine der roten Formen auf dem Papier fest.

- Fange nicht auf der ersten Seite des Skizzenbuchs an, sondern auf Seite fünf. Oder in der Mitte.

- Mach ein dickes Kreuz aufs Papier. Nun ist es verschandelt. Dann kannst du auch ohne schlechtes Gewissen eine Zeichnung daneben machen, sie wird das Blatt nicht verschlimmern!

- Mache eine bewusst schlechte Skizze. Schreibe ruhig daneben, dass sie schlecht ist. Gut. Es wird alles, was du von nun an zeichnest, besser!

- Mach dich locker, indem du für eine Weile einfach nur Quatsch visualisierst. Im Grunde kennst du das sicher von Telefonkritzeleien (die du natürlich auch anfertigen solltest!). Denk nicht darüber nach, was entsteht, deine Striche werden dich schon irgendwohin führen, lass deinen Assoziationen freien Lauf!

- Zeichne einige freie, geschlossene Formen aufs Papier. Nun verwandle diese Formen in Gesichter oder Figuren.

... oder spiele das Fünf-Minuten-Spiel! Die Regeln sind schnell erklärt: Sammle zehn Begriffe (oder lass sie dir von jemandem aufschreiben). Dann stelle dir eine Stoppuhr auf 30 Sekunden, in denen du jeweils einen Begriff aufzeichnest. Nach fünf Minuten hast du zehn Begriffe visualisiert. Jetzt fällt es leicht, weiter zu zeichnen! (Hier mal zehn Begriffe zum üben: Hund – Vogelhäuschen – Hexe – Sport – Pirat – Weihnachten – Angst – TV-Serie – Verbrechen – Schule).

Zeichne dein Frühstück.

Zeichne an der Bushaltestelle.

Visualisiere deine To-do-Liste, Einkaufszettel, Kochrezepte …

Zeichne auf der Toilette.

Fertige jeden Morgen eine kleine visuelle Botschaft an, und gib sie deinem Partner oder deinen Kindern mit.

Mache Sketchnotes! Was das ist, habe ich in Kapitel 8 erklärt.

Du kannst ja bei Telefongesprächen beginnen, dann sieht es niemand.

Oder du übst, indem du zum Beispiel Ted-Vorträge oder Ähnliches visualisierst. Auf YouTube findest du unendlich viel Material.

Mache kleine Visualisierungen zu Zeitungsmeldungen.

Stell dir eine Aufgabe, die du einhalten kannst. Mach zum Beispiel jeden Tag eine Visualisierung. Vielleicht hilft es dir, deinen Plan einzuhalten, wenn du sie zum Beispiel auf einem Blog veröffentlichst.

Achte auf Logos und Piktogramme in deinem täglichen Umfeld. Zeichne sie ab, das übt!

Und Straßenschilder sind eine erstklassige Möglichkeit, um allgemein erkennbare Zeichen abzuschauen.

Mache Collagen oder zeichne bestehende Bilder weiter.

(VIELEN DANK AN DEN EINMALIGEN TILL LASSMANN!)

Lege Karteikarten mit Worten und Begriffen an, die du schon geübt hast. Auf die eine Seite schreibst du das Wort, auf die andere zeichnest du den Begriff. Übe diese Begriffe regelmäßig, indem du das Wort liest und den Begriff zeichnest.

Du kannst Abteilungen anlegen, in die du ältere Begriffe einsortierst (zum Beispiel ÜBEN – BEKANNT – SICHER). Neue Begriffe übst du täglich, bekannte nur noch einmal die Woche, sichere einmal im Monat.

Dann drehe das Spielchen um: Jetzt hast du das Bild vorn, und du ergänzt auf der anderen Seite, wofür das Symbol stehen kann.

Mache Skizzen auf Bahnfahrten. Zeichne zum Beispiel in schnellen Scribbles die sich verändernde Landschaft vor deinem Fenster.

Übrigens: Wer in der wackeligen Bahn zeichnen kann, der kann es auch überall sonst!

DIESEN TIPP HABE ICH AUS DEM SEHR GUTEN »MUT ZUM SKIZZENBUCH« VON FELIX SCHEINBERGER.

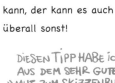

Übe Emotionen!

- Gehe durch die Emoticon-Palette auf deinem Smartphone und verinnerliche täglich eines.
- Zeichne sie mit kurzen Notizen!
- Finde Symbole für Emotionen. Oder andersherum: Für welche Emotionen kann ein Symbol stehen?
- Hast du dabei eine neue Emotion herausgefunden? Dann zeichne die Körperhaltung dazu. Gehe dazu im Zweifel zunächst selbst in diese Körperhaltung, dann fällt es dir leichter!
- Zeichne verschiedene Augen, Münder und Augenbrauen und schneide sie aus. Probiere damit herum!

Trainiere deine Fähigkeit zu assoziieren, indem du visuelle Mindmaps anfertigst.

Sammle Dinge!

Trainiere auch den Einsatz von Schrift!

- Mache kurze Notizen, Kommentare oder Datumsangaben zu deinen Zeichnungen.
- Gehe durch die Palette an Systemschriften in deinem Computer oder recherchiere Typos im Internet. Zeichne sie ab.
- Lege kalligrafische Blätter an. Für Grußkarten. Als Notizen. Oder für völlig Profanes.
- Zeichne Wörter oder Headlines aus Zeitschriften ab.
- Zeichne Schilder von Geschäften oder Cafés (… ein nettes Plätzchen in Hamburg!).
- Normalerweise gilt die Regel: Erst schreiben, dann den Container darum zeichnen. Brich diese Regel hin und wieder bewusst, um zu üben, flexibler mit deiner Schrift umzugehen!

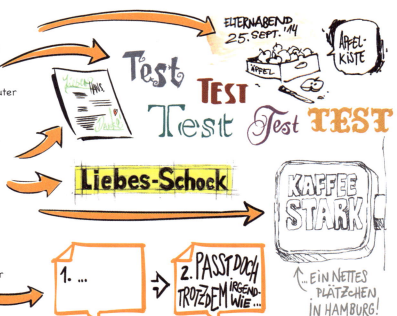

Höre auf sprachliche Bilder!

Das mag wie ein unbedeutender Tipp klingen, ist aber eine grundlegende Fähigkeit für Visualisierer. Trainiere es, bewusst zu hören, was dein Gegenüber sagt, ohne es selbst zu bemerken. Zwischen den Zeilen des Gesagten stecken meist schon die Antworten auf Fragen, die uns den Kopf zerbrechen – wir bemerken sie nur selbst nicht.

Visualisiere auch deine eigenen Aussagen – unbedingt auch vor Treffen und Besprechungen! Das macht dir deutlicher, was du sagst. Und was du eigentlich MEINST.

Für Fortgeschrittene:

Achte auch auf die Bedeutung und Herkunft von Worten an sich. Sie bilden eine eigene sprachliche Formenlehre und geben uns Hinweise, wie wir uns ihnen visuell nähern können beziehungsweise was ihr visueller Kern ist.

Nehmen wir als Beispiel das Wort Garten.

Dieser Begriff kommt ursprünglich von Gerte, also Holzruten, die eine zu schützende Fläche einrahmten. Hiervon leiten sich zahlreiche Begriffe ab, die alle diese ursprüngliche Bedeutung tief in ihrer DNA tragen: zu schützen, zu bewachen, zu umstehen, (rechteckig) einzufassen, sichernd/einigend zu beinhalten:

✪ Gatter und Gehege

✪ Garde

✪ Und: Be on your Guard (Gard Shampoo, G.A.R.D. Rettungsdienst ...)

✪ Grad, also Burg/Umfriedung, als Bestandteil in vielen slawischen Ortsbezeichnungen

✪ Yard oder Gaard im Englischen/Niederdeutschen/Skandinavischen für Hof oder Herrschaftsgebiet

Diese Übung ist zwar recht abstrakt, verbindet aber die Arbeitsweise beider Hirnhälften optimal und macht uns sehr wach dafür, was wir jenseits von oberflächlich Gesprochenem aus einem Gespräch herausarbeiten können.

Und im Zweifelsfall macht sie einfach mehr Bild-Assoziationen möglich!

Wenn du eine Zeitschrift oder eine Printanzeige vor dir hast, zerlege sie in Module, wie du es im Kapitel *Inszenierung* gelernt hast. Das schult den Blick für Layoutgestaltung!

Zerlege auch Räume in ihre Bestandteile.

Du merkst, es gibt endlos viele Möglichkeiten zu visualisieren. Oder wie Adolf Menzel sagt:

Was nicht nur hilfreich ist, sondern auch wahnsinnig viel Spaß macht:

Visualisiere nicht allein – such dir eine Gruppe!

Das Leichteste ist, in einen Zeichenkurs einzutreten. Schau mal, was deine örtliche VHS hergibt! Auch das schwarze Brett im Künstlerbedarfsgeschäft ist eine gute Möglichkeit, Gruppen zu finden. Oder natürlich soziale Netzwerke!

Es gibt in vielen Städten feste oder losere Zirkel, die sich regelmäßig treffen, um zusammen zu zeichnen.

Vielleicht gibt es in deiner Stadt einen Branch von Dr. Sketchys Anti-Art School?

Oder du besuchst die visuelle Szene bei einem Vizthink-Meeting.

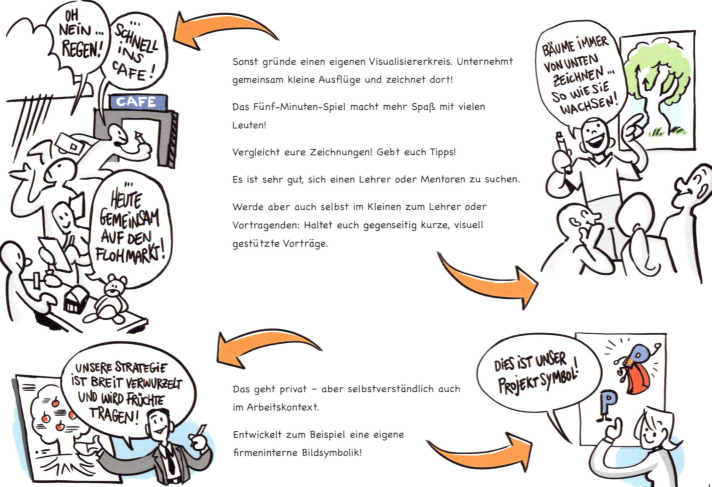

Voraussetzung für den Erfolg aber ist die eigene Haltung. Sie ist die Basis für den Nutzen aller Trainingseinheiten und den Auftrieb, den man durch ein Team und einen Coach erfährt.

Perfekt beschrieben hat es Muhammad Ali:

> DER KAMPF WIRD WEIT ENTFERNT VON ALLEN ZEUGEN GEWONNEN ... IM VERBORGENEN, IM GYM, DRAUSSEN AUF DER STRASSE, LANGE BEVOR ICH IM RAMPENLICHT TANZE!

Es geht um ein starkes Selbstbild. Sehe ich mich als fähig und kompetent, eine Fertigkeit auszuführen?

In unserem Fall: Kann ich mich wirklich als Zeichner erleben? Erlaube ich mir, mich als einen Menschen wahrzunehmen, der fähig ist zu visualisieren?

Kultiviere dieses Bild von dir – es ist der Schlüssel! Mit ihm wird jedes Üben deine Fähigkeiten verbessern!

Fehlt jedoch diese Selbstwahrnehmung, kannst du so viel üben wie du willst – du wirst im fraglichen Augenblick nicht zum Stift greifen.

Deshalb:

Mach deine Visualisierungsübungen öffentlich, bekenne dich dazu. Erzähle anderen davon, dass du diese Fertigkeit bei dir entwickelst.

Visualisiere an öffentlichen Plätzen. Du wirst angesprochen werden!

Zeige deine Visualisierungen. Sei dankbar für Kritik! Kritik hilft dir, besser zu werden und nimmt deine Bemühungen ernst. Stehe zu deinen Bildern.

Vor allem auch VOR DIR SELBST!

Mache eine schnelle Skizze gleich nach dem Aufwachen! So richtest du dein Bewusstsein schon zu Beginn des Tages auf deine neu wachsende Fähigkeit aus.

Gelingt dir eine Visualisierung nicht? Macht nichts, mache eine weitere! Aber hebe auch einige erfolglose Versuche auf: Vergleichst du aktuelle Zeichnungen mit Arbeiten von vor einigen Wochen oder Monaten, wirst du deine Fortschritte deutlich erkennen!

Übe täglich! Wer täglich visualisiert, kann sich wohl mit gutem Recht als Visualisierer bezeichnen, oder?

Ersetze gewohnte Tätigkeiten durch Visualisieren. Vielleicht eine schnelle Skizze statt der Zigarettenpause? Und wenn dir das schwer fallen sollte – dann zeichne wenigstens DABEI!

Und suche nach Gelegenheiten, egal ob privat, im Hobby oder beruflich, bei denen du Visualisierungen in die Kommunikation mit einbeziehen kannst. Denn:

Das ist der Grund, weshalb ich sicher bin, dass die Hürde, Visualisieren als Teil unserer kommunikativen Fähigkeit zu begreifen, recht klein und deren Überwindung auch dir schnell möglich ist: Es wirkt sinnstiftend! Und vor allem tun wir es nicht nur für uns, sondern auch, um anderen zu nutzen. Und diese Haltung ist auf lange Sicht motivierender als alles andere!

»Wir visualisieren, um die Welt ein bisschen besser zu machen und Wandel zu unterstützen.«

VISUAL FACILITATORS

Ausblick

KAPITEL 10

Wir haben das Ende unserer kleinen Wanderung erreicht. Und wir sind ganz schön herumgekommen!

Wir sind uns der Funktionsweise unseres Hirns bewusst geworden und des Einflusses, den visuelles Arbeiten ausüben kann. Wir haben uns über einfache Formen und das Erkennen von Bedürfnissen den Gegenständen und Symbolen genähert, haben Menschen und Emotionen dargestellt. Wir haben die Wirkung von Schrift und Farbe erforscht und unterschiedliche Materialien kennengelernt. Die Bedeutung von visuellem Storytelling ist uns ebenso begegnet wie die Wirkungsweisen von bewusster inhaltlicher Komposition. Wir haben einen Einblick in die nahezu unbegrenzten Möglichkeiten bekommen, visuelle Methoden in der Dokumentation, in der Präsentation und im Austausch einzusetzen. Und du hast Trainingsmöglichkeiten an die Hand bekommen, die deine Begeisterung befeuern sollen, um dich auch in deinem Kopf zum Visualisierer zu machen.

Kurz gesagt: Wir haben gemeinsam erkundet, wie du Zeichnen lernen kannst, mit dem Ziel, visuelle Methoden als Mittel der Kommunikation zu nutzen, um zuzuhören, zu erklären und gemeinsam zu entwickeln.

Du tauchst in die Verhältnisse ein, durchdringst sie mit einer nicht beurteilenden Geisteshaltung und wirst zunehmend die Resonanz zwischen dir und der dich umgebenden Welt genießen.

Du stellst dich dir! Und belegst das in deinen Visualisierungen. Die Subjektivität und die handgemachte Erscheinung deiner Bilder sind ein Beweis für ihre Authentizität und sorgen für ihre Glaubwürdigkeit. Du stehst für deine Visualisierungen ein. Und stellst dich damit in den Dienst deines Gegenübers.

Du wirst immer seltener Konsument einer Situation und immer stärker ihr Gestalter sein. Wenn deine erweiterten Sichtweisen in deine Gestaltungskraft einfließen, wirst du echten Mehrwert erschaffen ...

„... UND NICHT NUR SOWAS!"

Wir haben es überall mit schwer zu vereinbarenden Interessen und Sichtweisen zu tun. Häufig sogar mit Paradoxien. Du wirst durch deine visuelle Praxis immer stärker in der Lage sein, dich dabei nicht auf eine Seite stellen zu müssen. Du wirst zusehends das Zentrum der Fliehkräfte sein und die verschiedenen Pole halten und umfassen.

Lade deine Mitmenschen ein, diese umfassendere Sichtweise mit dir zu teilen, sie zu bereichern und sichtbar zu machen.

Ermutige auch andere, zum Stift zu greifen. Wir sind ALLE Visualisierer, denn wir sind mit unseren Erinnerungen und Erfahrungen verbunden über innere Bilder. Deshalb fühlen sich die Leute besser, sobald sie frei von Beurteilungen zeichnen können.

Die kritischen Denker, die Problemlöser und die Entscheidungsträger um dich herum werden zu deinen Partnern werden, weil ihr gemeinsam Erkenntnisse sichtbar und nutzbar machen werdet.

Sharing und Co-Creation sind keine Trends, die man mit visuellen Methoden bedienen kann. Sie sind Ausdruck einer veränderten Perspektive. Und diese ist der Grund, weshalb visuelles Arbeiten überhaupt nötig ist!

Die Welt, in der wir leben, ist geprägt von unterschiedlichen, aufeinander aufbauenden Sichtweisen. Sie haben uns weit gebracht! Und gleichzeitig haben sie auch in hohem Maße für die Bedingungen gesorgt, mit denen wir uns heute auseinandersetzen müssen.

Es wird jedoch immer mehr Menschen klar, dass die weltweiten Herausforderungen unserer Zeit – im Großen wie im Kleinen – mit diesen Sichtweisen nicht mehr zu bewältigen sind. Wir müssen uns befähigen, aus einer Perspektive zu handeln, die alle anderen Sichtweisen einschließt, sie wertschätzt und sie in gesundem Maße einordnet.

Dabei vergleicht David Sibbet das Aufkommen visueller Techniken mit der Entdeckung des Feuers:

»Visuals entzünden Kreativität, ermutigen Einbindung und Interaktion. Sie öffnen die Tür zu systemischem Denken und umfassenderen Perspektiven. Visuelle Methoden schaffen einen Gegenstand, der der gesamten Gruppe hilft, sich zu erinnern und weiterzudenken.

Respektiere die Kraft dieser Methoden – und setze sie weise ein!«

Wir sind also wie gesagt am Ende unserer kleinen Wanderung angekommen.
Aber für dich geht es hier erst richtig los!

Schnapp dir deinen Marker und dein Papier und trage deinen Teil dazu bei, die Veränderungen und Entwicklungen, die sich in der Welt und durch uns alle zeigen, in einer gesunden Weise zu unterstützen ...

» ZU GUTER LETZT... «

 Einige Vorlagen...

Das Ziel dieses Buches ist es nicht, dich Bildvokabeln auswendig lernen zu lassen. Es gibt bereits fantastische Bücher, die das tun.

Ich möchte vielmehr, dass du die Gesetzmäßigkeiten der visuellen Sprache als solches begreifst. So wird dein visueller Wortschatz wie von selbst immer weiter wachsen!

Behalte aber weiterhin eine konzeptfreie Wahrnehmung. Diese Vorlagen sind nur Vorschläge und können und sollten von dir weiterentwickelt werden.

Dies ist zum Beispiel ein ganz gutes Symbol für Training.

Es ist aber noch sehr allgemein. Wenn es um „Zeichentraining" geht, ist dieses Symbol viel besser!

Und nun schau mal, wie sich die Bedeutung des Symbols wandelt, wenn ich eine andere Bezeichnung darunterschreibe.

ENTWICKLUNG · WACHSTUM · VERLUST · CHARTS & ZAHLEN · CONTROLLING · RENDITE · VERGLEICH · CASH · CASHFLOW · ... Z. B. A GRÖSSER ALS B.

STRATEGIE

KUNDE

EFFIZIENZ

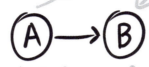

SYNERGIE

WETTBEWERBER

NEU
PRODUKT-
EINFÜHRUNG

KUNDENGEWINNUNG

INNOVATION

GESCHÄFTS-
KUNDE

SELBSTEINSCHÄTZUNG

FREMDEINSCHÄTZUNG

HUMAN RESSOURCES

MOTIVATION

ICH — WIR

VERANTWORTUNG

TEAMARBEIT

GLEICHBERECHTIGT

VORGESETZTER

ORGANISATION

 WERTE

 LEIT-IDEE

FORSCHUNG

 HIERARCHIE

 ORGANISATIONS-STRUKTUR

 EINKAUF

 KOMPLEXITÄT

 BRANCHE

 RESSOURCEN

 SEGMENTIERUNG

DIALOG

INNERER DIALOG

ANGST

PERSÖNLICHKEIT

STRESS

BURN-OUT

EMOTION

REFLEKTION

RESILIENZ

ENTSPANNUNG

WEITERBILDUNG

Malte von Tiesenhausen, geboren 1979, studierte Kommunikationsdesign an der Design Factory in Hamburg und arbeitet seit über einem Jahrzehnt international als freier Illustrator. Das Mitglied der Illustratoren Organisation e.V. und des IFVP lebt mit seiner Frau und den gemeinsamen Zwillingen auf Hamburg-St. Pauli.

Baron Malte ist Preisträger des deutschen Cartoonpreises 2008.

2010 erschien *Ninja! Hinter den Schatten*, ein fast vierhundert Seiten starker Edutainment-Manga beim Carlsen-Verlag. Sein Fokus liegt heute auf dem visuellen Begleiten von Prozessen: Malte ist Partner bei Visual Facilitators, einem der gefragtesten Dienstleistungsunternehmen für Visualisierung im deutschsprachigen Raum. Hier zeichnet Malte live als Graphic Recorder und Schnappschusszeichner auf Konferenzen und Meetings und produziert innovative Erklärfilme.

Ⅰ　Ⅱ　Ⅲ　Ⅱ　　Malte von Tiesenhausen

Graphic Recorder, Illustrator

[m] +49-179-4 65 31 66

Visual Facilitators, Colonnaden 9, 20354 Hamburg/Germany

[e] mvt@visualfacilitators.com

[o] +49-40-63 60 78 89

www.visualfacilitators.com

Vielen Dank an:

Mathias, für die Potenziale, die wir gemeinsam haben.

Meine Eltern, die immer an mich glauben und mich unterstützen.

Das Team von BusinessVillage. Es kam alles genau zur richtigen Zeit!

Dani, Linnea, Leena, Eva und alle anderen, die sich die Zeit genommen haben, sich durch das Unterholz der Rechtschreibfehler im Manuskript zu schlagen.

Das Team von Visual Facilitators und Explainas. Ihr seid eine reine Freude. Danke, dass ich mit euch arbeiten darf!

Andrea, für die Inspiration, in meine Kraft zu gehen.

Christian und Bennie. I am it!

Ole, dafür dass immer alles passt.

Wulf-Bodo Wahl für ein Haus, in dem ich einmal ganz, ganz tief eintauchen konnte.

Malte, Mimi und dem Rest des Teams vom Kaffee Stark für einen Platz zum Wiederauftauchen und Schreiben.

Dem internationalen Feld der Visual Practitioners. You're my tribe!

All die lieben Freunde, die mich immer wieder gefragt haben, wie es denn mit dem Buch vorangeht.

Alle Personen, Momente, Zeichner und Visionäre, die mir eines der Teile geschenkt haben, aus denen sich plötzlich alles zusammensetzen ließ. Besonders all jene, deren Werke und Gedanken ich in diesem Buch zitieren darf.

Und vor allem an Katrin, Emma und Karl. Ich liebe euch!

Literaturhinweise:

Eine kleine Sammlung lehrreicher, weiterführender oder inspirierender Bücher zum Thema Visualisierung, Visual Facilitation oder visuellem Erzählen:

Brandy Agerbeck: Der Wegweiser für den Graphic Facilitator. Über www.neuland.com, 2013.
Sunni Brown: The Doodle Revolution. Portfolio Penguin, 2014.
Dan E. Burr, Michael Goodwin: Economix. Wie unsere Wirtschaft funktioniert (oder auch nicht). Jacoby & Stuart, 2013.
Betty Edwards: Das neue GARANTIERT ZEICHNEN LERNEN. Rowohlt, 2000.
Frank Flöthmann: Grimms Märchen ohne Worte. DuMont, 2013.
Martin Haussmann: UZMO. Denken mit dem Stift. Redline, 2014.
Martin Haussmann: Bikablo® 1: Das Trainerwörterbuch der Bildsprache. Über www.neuland.com, 2013.
Martin Haussmann: Bikablo® 2.0: Neue Bilder für Meeting, Training & Learning. Über www.neuland.com, 2009.
Martin Haussmann: Bikablo® Emotions. Über www.neuland.com, 2013.
Scott McCloud: Comics richtig lesen. Carlsen, 2001.
Mary Kate McDevitt: Hand-lettering Ledger. Abrams Books, 2014.
Jan Middendorp: Hand to Type: Scripts, Hand-Lettering and Calligraphy. Die Gestalten, 2012.
Dan Roam: Auf der Serviette erklärt. Redline, 2009.
Felix Scheinberger: Mut zum Skizzenbuch. Schmidt Verlag, 2009.
David Sibbet: Visual Leaders. Wiley, 2012.
David Sibbet: Visuelle Meetings. Mitp, 2011.
Mike Rohde: Das Sketchnote Handbuch. Mitp, 2014.
Mike Rohde: Das Sketchnote Arbeitsbuch. Mitp, 2014.
Mathias Weitbrecht: Co-Create! Das Visualisierungsbuch. Wiley, 2015.

Und wenn dir Bücher nicht reichen: Triff mich oder ein anderes Teammitglied der Visual Facilitators auf einem unserer offenen Trainings: www.visualisierung.training

ad hoc präsentieren

Anita Hermann-Ruess
ad hoc präsentieren
Kurz, knackig und prägnant argumentieren und überzeugen
2. Auflage 2014

226 Seiten; 21,80 Euro
ISBN 978-3-86980-187-2; Art.-Nr.: 899

Es ist fast wie beim Elevator Pitch. Sie haben nur wenig Zeit, Ihre Idee zu präsentieren, und vor allem kaum Vorbereitungszeit – alles muss schnell gehen. Nur: Diesmal versuchen Sie nicht, im Fahrstuhl den Vorstandsvorsitzenden um den Finger zu wickeln. Diesmal müssen Sie in einer Teamsitzung, beim Projekttreffen, bei einem Kunden oder in einem Vieraugengespräch mit dem Chef für einen Aha-Effekt sorgen. Sie müssen ad hoc charmant, wirkungsvoll und mit Substanz begeistern. Ganz gleich ob die Vorbereitungszeit zwei Stunden oder nur zwei Minuten beträgt – Sie müssen die überzeugenden Daten, Fakten und Argumente liefern und freihändig präsentieren.

Die Präsentations- und Rhetorikexpertin Anita Hermann-Ruess zeigt in diesem Buch, wie Sie auch unter Zeitdruck immer und überall überzeugende Ad-hoc-Präsentationen entwerfen, mit einfachen Mitteln visualisieren, einen bleibenden Eindruck hinterlassen und nachhaltig positiv wirken.

www.BusinessVillage.de

Das Super-Buch

 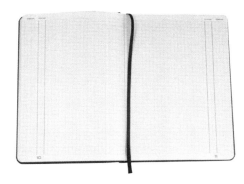

Das Super-Buch
Notizen • Aufgaben • Projekte • Ideen
1. Auflage 2014

112 Seiten; 8,90 Euro
ISBN 978-3-86980-267-1; Art.-Nr.: 946

Das neue Flex-Cover mit seiner außergewöhnlichen Oberfläche in Lederoptik und seiner Wave-Struktur macht unser SUPER-BUCH sichtbar und fühlbar hochwertig. Mit einem perfekten Design und dem durchdachten System gibt es Ihren Ideen, Projekten und Gedanken Raum und beendet das Zettelchaos auf Ihrem Schreibtisch. Notizen, Aufgaben, Ideen … zentral an einem Ort – stilvoll und elegant.

Das SUPER-BUCH ist Ihr Speicher für Ideen, Projekte, Telefonnummern, Reminder, nützliche Gedanken, Notizen … all das, was sonst auf vielen kleinen Zetteln auf dem Schreibtisch verloren geht. Viele Experten empfehlen Super-Bücher, um endlich mehr Ordnung und System auf den Schreibtisch und in den Kopf zu bekommen. Doch diese Empfehlungen haben einen entscheidenden Nachteil: Sie sind nur Bauanleitungen, wie man sich aus einem x-beliebigen Notizbuch sein Super-Buch bauen kann. Doch der Eigenbau kostet Zeit, erfordert einiges an Geschick und das Ergebnis ist oft alles andere als optimal.

www.BusinessVillage.de